"十四五"职业教育国家规划教材

"十三五"职业教育国家规划教材
"十三五"职业教育新能源汽车专业"互联网+"创新教材

混合动力电动汽车结构原理与检修工作页

主　编　宫英伟　张北北
副主编　薛　菲　高　磊　葛　翘
参　编　杨爱新　徐思亮　马萌萌　刘飞凡
主　审　马长春　曹伟伟

机械工业出版社

本书是"十四五"职业教育国家规划教材。

为了适应新时期职业教育人才培养的需要，以及科学技术发展的新趋势和新特点，我们组织教师和企业专家成立了课程研发小组，用"互联网+汽车专业"思维创新模式，编写了这套"十三五"职业教育新能源汽车专业"互联网+"创新教材，包括《走进新能源汽车》《电动汽车检查与维护》《电动汽车结构原理与检修》《电动汽车总装技术》《混合动力电动汽车结构原理与检修》以及相应工作页。

本书是与《混合动力电动汽车结构原理与检修》教材配套使用的工作页，共分为7个学习情景，21个学习任务。本书采用工作页这一灵活的形式，通过填写部件名称与序号、描述工作原理、文字理解、看图答题等练习，重点学习了混合动力电动汽车认知、混合动力电动汽车高压维修操作安全、混合动力电动汽车动力蓄电池结构原理、混合动力电动汽车动力系统结构原理、混合动力电动汽车辅助系统、比亚迪秦混合动力电动汽车原理与检修、卡罗拉混合动力电动汽车原理与检修知识。

本书可作为职业院校新能源汽车和汽车维修等相关专业的教学用书，也可作为汽车企业的培训资料，还可以作为混合动力电动汽车的大众科普读物。

图书在版编目（CIP）数据

混合动力电动汽车结构原理与检修工作页/宫英伟，张北北主编．—北京：机械工业出版社，2018.9（2025.1重印）
"十三五"职业教育新能源汽车专业"互联网+"创新教材
ISBN 978-7-111-60355-9

Ⅰ.①混… Ⅱ.①宫…②张… Ⅲ.①混合动力汽车-电动汽车-构造-职业教育-教材②混合动力汽车-电动汽车-车辆检修-职业教育-教材 Ⅳ.①U469.72

中国版本图书馆CIP数据核字（2018）第143120号

机械工业出版社（北京市百万庄大街22号 邮政编码100037）
策划编辑：曹新宇 责任编辑：曹新宇 牛砚斐
责任校对：王 延 封面设计：马精明
责任印制：张 博
北京中科印刷有限公司印刷
2025年1月第1版第8次印刷
210mm×285mm·8.75印张·247千字
标准书号：ISBN 978-7-111-60355-9
定价：39.90元

电话服务 网络服务
客服电话：010-88361066 机 工 官 网：www.cmpbook.com
　　　　　010-88379833 机 工 官 博：weibo.com/cmp1952
　　　　　010-68326294 金 书 网：www.golden-book.com
封底无防伪标均为盗版 机工教育服务网：www.cmpedu.com

关于"十四五"职业教育
国家规划教材的出版说明

为贯彻落实《中共中央关于认真学习宣传贯彻党的二十大精神的决定》《习近平新时代中国特色社会主义思想进课程教材指南》《职业院校教材管理办法》等文件精神，机械工业出版社与教材编写团队一道，认真执行思政内容进教材、进课堂、进头脑要求，尊重教育规律，遵循学科特点，对教材内容进行了更新，着力落实以下要求：

1. 提升教材铸魂育人功能，培育、践行社会主义核心价值观，教育引导学生树立共产主义远大理想和中国特色社会主义共同理想，坚定"四个自信"，厚植爱国主义情怀，把爱国情、强国志、报国行自觉融入建设社会主义现代化强国、实现中华民族伟大复兴的奋斗之中。同时，弘扬中华优秀传统文化，深入开展宪法法治教育。

2. 注重科学思维方法训练和科学伦理教育，培养学生探索未知、追求真理、勇攀科学高峰的责任感和使命感；强化学生工程伦理教育，培养学生精益求精的大国工匠精神，激发学生科技报国的家国情怀和使命担当。加快构建中国特色哲学社会科学学科体系、学术体系、话语体系。帮助学生了解相关专业和行业领域的国家战略、法律法规和相关政策，引导学生深入社会实践、关注现实问题，培育学生经世济民、诚信服务、德法兼修的职业素养。

3. 教育引导学生深刻理解并自觉实践各行业的职业精神、职业规范，增强职业责任感，培养遵纪守法、爱岗敬业、无私奉献、诚实守信、公道办事、开拓创新的职业品格和行为习惯。

在此基础上，及时更新教材知识内容，体现产业发展的新技术、新工艺、新规范、新标准。加强教材数字化建设，丰富配套资源，形成可听、可视、可练、可互动的融媒体教材。

教材建设需要各方的共同努力，也欢迎相关教材使用院校的师生及时反馈意见和建议，我们将认真组织力量进行研究，在后续重印及再版时吸纳改进，不断推动高质量教材出版。

机械工业出版社

前 言

随着石油资源的逐渐稀缺、人们环保意识的提高,混合动力电动汽车及纯电动汽车将成为21世纪前几十年汽车发展的主流。我国政府也已经在国家高技术研究发展计划中专门开列了包括混合动力电动汽车在内的电动汽车重大专项。目前,我国在新能源汽车的自主创新过程中,在政府支持下,坚持以核心技术、关键部件和系统集成为重点的原则,确立了以混合动力电动汽车、纯电动汽车、燃料电池电动汽车为"三纵",以整车控制系统、驱动电机系统、动力蓄电池/燃料电池为"三横"的研发布局,通过产、学、研紧密合作,我国混合动力电动汽车的自主创新取得了重大进展。

目前,国内汽车企业已将混合动力电动汽车作为未来主流竞争型产品,在战略上高度重视,一汽、东风、上汽、长安、奇瑞、比亚迪等都已投入了大量的资金开展混合动力电动汽车的研发,同时新能源汽车行业前、后市场对技能人才的需求量也在不断增大。为此,我们组织教师和企业人员成立课程研发小组,主要结合企业岗位的实际需求,并广泛参考借鉴了国内外新能源汽车方面的研究成果,形成以模块式课程为载体、以工作过程为主线、以任务驱动教学为主要形式的专业课程开发思路,编写了本套教材,包括《走进新能源汽车》《电动汽车检查与维护》《电动汽车结构原理与检修》《电动汽车总装技术》《混合动力电动汽车结构原理与检修》以及相应工作页。

本书始终坚持正确的政治方向,以国家和社会的需求为导向,以专业人才培养目标为依据,以所在专业能力结构为主线。本次重印,将习近平新时代中国特色社会主义思想和党的二十大精神融入教材,以全力打造精品教材为出发点,以每一个学习情境、每一个学习任务、每一幅插图为落脚点,全面落实立德树人的根本任务,发挥铸魂育人的实效。

本书是与《混合动力电动汽车结构原理与检修》教材配套使用的工作页,采用学习情景模式导入,设定的情景多来源于企业一线并配合教学一线的教学经验,具有很好的教学效果。本书以目前市场主流的混合动力电动汽车车型为参考,以混合动力电动汽车的主流技术及其检修方法为出发点,按照汽车维修职业岗位应掌握的技能和知识,进行学习情景的课程学习,对混合动力电动汽车的维修知识进行了全方位的考查。七个学习情景分别为混合动力电动汽车认知、混合动力电动汽车高压维修操作安全、混合动力电动汽车动力蓄电池结构原理、混合动力电动汽车动力系统结构原理、混合动力电动汽车辅助系统、比亚迪秦混合动力电动汽车原理与检修、卡罗拉混合动力电动汽车原理与检修,每个学习情景由若干个学习任务组成。

本书由宫英伟、张北北担任主编,薛菲、高磊、葛翘担任副主编,其他参与编写的还有杨爱新、徐思亮、马萌萌、刘飞凡,全书由马长春和曹伟伟担任主审。

由于编者水平和经验有限,书中难免存在缺点和错误,恳请广大读者批评指正。

编 者

目录

前言

学习情景1 混合动力电动汽车认知

学习任务1 混合动力电动汽车的概况及发展史 ·············· 2
学习任务2 串联式混合动力电动汽车结构特点 ·············· 8
学习任务3 并联式混合动力电动汽车结构特点 ·············· 13
学习任务4 混联式混合动力电动汽车结构特点 ·············· 18

学习情景2 混合动力电动汽车高压维修操作安全

学习任务1 电气危害与触电急救 ·············· 24
学习任务2 混合动力电动汽车的高压保护措施 ·············· 29
学习任务3 安全操作混合动力电动汽车高压系统 ·············· 34

学习情景3 混合动力电动汽车动力蓄电池结构原理

学习任务1 动力蓄电池的认知 ·············· 40
学习任务2 动力蓄电池管理系统的认知 ·············· 46

学习情景4 混合动力电动汽车动力系统结构原理

学习任务1 混合动力电动汽车动力系统电机介绍 ·············· 52
学习任务2 通用汽车混合动力电动汽车动力系统结构原理 ·············· 56

学习情景5 混合动力电动汽车辅助系统

学习任务1 制动能量回收系统结构原理 ·············· 62
学习任务2 混合动力电动汽车空调系统结构原理 ·············· 68

学习情景6 比亚迪秦混合动力电动汽车原理与检修

学习任务1 比亚迪秦高压系统结构原理 ·············· 76

| 学习任务 2 | 比亚迪秦高压系统检修 | 83 |

学习情景 7　卡罗拉混合动力电动汽车原理与检修

学习任务 1	认知卡罗拉混合动力电动汽车	92
学习任务 2	维修注意事项和紧急应对措施	98
学习任务 3	检查与维护卡罗拉混合动力电动汽车	103
学习任务 4	检修发动机及其控制系统	109
学习任务 5	检修动力蓄电池及其控制系统	116
学习任务 6	检修混合动力系统	125

参考文献 133

学习情景1

混合动力电动汽车认知

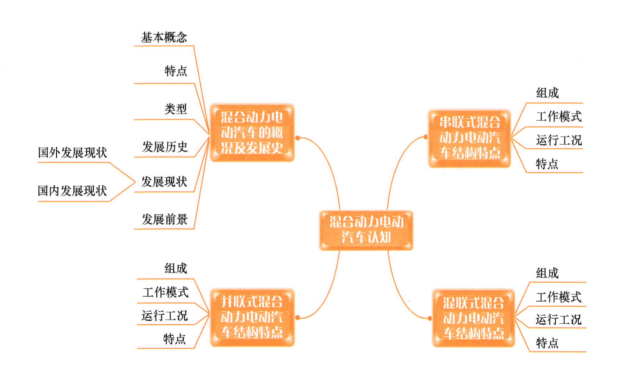

学习任务 1　混合动力电动汽车的概况及发展史

一、任务描述

4S 店新上市的一款混合动力电动汽车十分热销，客户对此车十分感兴趣。现在你作为 4S 店的一名销售顾问，需要对客户讲解混合动力电动汽车的基本情况，带领客户认识混合动力电动汽车。

1. 你所面对的是什么类型的车辆？

_____

2. 你在任务中的角色是什么？

_____

3. 你的工作任务是什么？

_____

二、任务分析

根据任务描述中车辆的情况明确本次工作任务，并分析完成本次工作任务所需要掌握的知识点。

三、任务资讯

1. 填空题

1）混合动力电动汽车是指同时配备_____系统和_____的电动汽车。

2）从广义上讲，采用_____或_____以上的储能设备、能源或能量转换器作为动力源，其中至少有一种能提供_____的车辆称为混合动力电动汽车。

3）根据_____的状态，可分为多种混合方式。例如_____混合动力、_____混合动力、_____混合动力等。

4）从狭义上讲，我们通常所说的混合动力电动汽车，指的是_____混合动力电动汽车，即拥有_____和_____两种动力源的车辆。

5）由于国内补贴政策的差异化，混合动力电动汽车主要以_____为主。

6）近几年自主品牌汽车企业如_____、_____也开始研发混合动力车型。

7）混合动力电动汽车具有_____、_____、_____等特点。

8）与传统汽车相比，混合动力电动汽车在具有同等性能和优势的同时，在_____上更胜一筹；与纯电动汽车相比，其需要的_____也大大减少，造价_____纯电动汽车，但_____传统汽车。

2. 选择题

1）以下车型目前在日本保有量最多的是（　　）。
A. EV　　　　　　　　B. PHEV　　　　　　　　C. HEV

2）根据混合动力系统的结构形式分类，以下不是混合动力电动汽车类型的是（　　）。
A. 混联式　　　　　B. 串联式　　　　　C. 轻混式　　　　　D. 并联式

3）目前我国汽车市场主要发展的新能源车型是（　　）。
A. 插电式混合动力电动汽车　　　　　　B. 纯电动汽车
C. 燃料电池电动汽车　　　　　　　　　D. 气电混合动力电动汽车

3. 判断题

1）混合动力电动汽车具有高效能、低能耗、低污染的优点。（　　）

2）混合动力电动汽车可以根据负荷的不同，调整动力输出的模式。（　　）

3）混合动力电动汽车由于需同时兼顾发动机和电动机，车辆空间布置便更为复杂和紧凑，但是维修维护相对简单。（　　）

4）与纯电动汽车相比，混合动力电动汽车可以充分利用发动机特性，起步和加速更平顺，续驶里程更长。（　　）

5）轻混合动力系统电机并没有为车辆行驶提供动力。（　　）

4. 结合所学混合动力电动汽车发展史知识，正确排列下面图片顺序

①
②
③
④

正确的排列顺序：_____

5. 根据所学内容，完成下表

类　型	能　量　源	应　用
油-电混合动力	_____ + _____	
_____混合动力	气体燃料 + 电能	
_____混合动力	_____ + _____	燃料电池汽车

6. 根据混合动力系统的结构形式，完成图片右侧空白处内容

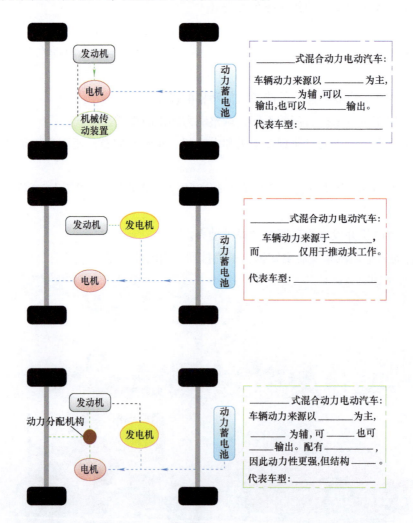

_____式混合动力电动汽车：
车辆动力来源以_____为主，_____为辅，可以_____输出，也可以_____输出。
代表车型：_____

_____式混合动力电动汽车：
车辆动力来源于_____，而_____仅用于推动其工作。
代表车型：_____

_____式混合动力电动汽车：
车辆动力来源以_____为主，_____为辅，可_____也可_____输出。配有_____，因此动力性更强，但结构_____。
代表车型：_____

7. 连线题

最大功率比>40%		微混		丰田Prius
最大功率比5%~15%		轻混		本田Accord
最大功率比≤5%		中混		皮卡
最大功率比15%~40%		重混		丰田Vitz

四、计划决策

> **温馨提示**
> 请各小组学习、思考和讨论解决问题的具体工作计划，考虑时间、工具、物料并将流程图画在下面空白处，接下来各组派出代表陈述本组的工作方案。

工作计划流程图

> **温馨提示**
> 各小组对其他组的工作计划进行评价，教师总评。各小组根据教师和各组的评价进行方案优化，并将优化方案写在下面方框内。

优化后的流程图

工具准备：

序　号	工具名称	工具数量
工具使用规范	请填写工具使用规范	

五、任务实施

每个学习小组派代表分别扮演客户和销售顾问（SA）角色，SA与客户互动，并向客户讲解混合动力电动汽车的定义、类型和特点等。

六、任务检查与评价

1. 请进行必要的最终检查和"6S"管理
2. 请根据实施过程进行总结并完善工作计划

总结内容和改进工作计划：

3. 学生填写自评表

要求每一个小组学生派代表上讲台讲述小组的学习成果和经验收获。

课堂小组经验分享记录：

4. 教师填写总评表

教师评价结果记录：

学习任务 2　串联式混合动力电动汽车结构特点

一、任务描述

一位雪佛兰 Volt 混合动力电动汽车车主到雪佛兰 4S 店报修该车不能上电故障，现在要求你作为 4S 店技术检测人员，配合技师主管共同对该客户的雪佛兰 Volt 混合动力电动汽车作基本检查，按照规范程序操作并完成维修工单。工作过程中，需遵循现场工作管理规范。

1. 你所面对的是什么类型的车辆？

2. 你在任务中的角色是什么？

3. 你的工作任务是什么？

二、任务分析

1. 请检查并记录车辆使用情况

检查项目	状态记录
周期维护灯点亮	是□否□
行驶里程	_____ km
上次维护时间	
检查车辆外观状态	

2. 根据任务描述中车辆的情况明确本次工作任务，并分析完成本次工作任务所需要掌握的知识点

三、任务资讯

1. 填空题

1）串联式混合动力电动汽车主要由发动机、_____、_____、_____、机械传动装置（变速器）等组成。

2）_____和_____有时也称为辅助动力单元，其主要功能是将_____发出的机械能通过_____转化为电能。

3）为电动机增设辅助设备（一般采用内燃机）由电动机输出动力的模式也称为_____。

4）_____混合动力电动汽车更接近纯电动汽车，以电动力为主，大大减少了尾气排放。发动机和发电机可用于为_____充电。

5）_____具有较为理想的转矩-转速特性，所以驱动系统不需要_____装置，从而使结构大为简化。

2. 选择题

1）下列串联式混合动力电动汽车的运行工况中，不能进行充电的是（　　）。

A. 低负荷工况　　　　　　　　　B. 起动工况

C. 制动工况　　　　　　　　　　D. 停车充电工况

2）下列不属于串联式混合动力电动汽车优点的是（　　）。

A. 结构耦合简单　　　　　　　　B. 更趋近于纯电动汽车

C. 发动机可以驱动汽车　　　　　D. 大大减少了尾气

3）串联式混合动力电动汽车结构中，是单条驱动线路，只有电动机驱动汽车行驶，而发动机仅用来带动发电机发电，与驱动轮无机械连接，不直接驱动车辆。下列说法正确的是（　　）。

A. 两个电机都用于回馈能量

B. 两个电机都用于驱动车轮

C. 一个电机用于能量回馈，另一个驱动车轮

D. 以上说法都不对

3. 连线题

纯电驱动模式		发动机运转，带动发电机发电，驱动车辆的同时，多余电能用于向动力蓄电池充电
纯发动机驱动模式		发动机关闭，车辆仅由动力蓄电池供电驱动
混合驱动模式		发动机运转，带动发电机发电，动力蓄电池也同时供电
发动机充电模式		车辆行驶时所需的能量全部由发动机间接提供

4. 请将对应图片序号填入下方横线内

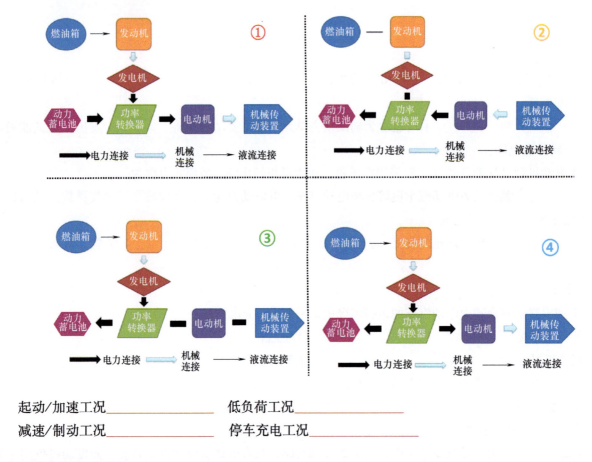

起动/加速工况＿＿＿＿＿＿＿　　低负荷工况＿＿＿＿＿＿＿

减速/制动工况＿＿＿＿＿＿＿　　停车充电工况＿＿＿＿＿＿＿

四、计划决策

> 温馨提示
>
> 请各小组学习、思考和讨论解决问题的具体工作计划，考虑时间、工具、物料并将流程图画在下面空白处，接下来各组派出代表陈述本组的工作方案。

工作计划流程图

🚗 **温馨提示**

各小组对其他组的工作计划进行评价，教师总评。各小组根据教师和各组的评价进行方案优化，并将优化方案写在下面方框内。

优化后的流程图

工具准备：

序　号	工具名称	工具数量
工具使用规范	请填写工具使用规范	

五、任务实施

每个学习小组派代表分别扮演客户和技术人员角色，技术人员与客户互动，并向客户讲解串联式混合动力电动汽车的结构组成、工作模式和特点等。

六、任务检查与评价

1. 请进行必要的最终检查和"6S"管理
2. 请根据实施过程进行总结并完善工作计划

总结内容和改进工作计划：
_____
_____

3. 学生填写自评表

要求每一个小组学生派代表上讲台讲述小组的学习成果和经验收获。

课堂小组经验分享记录：

4. 教师填写总评表

教师评价结果记录：

学习任务3　并联式混合动力电动汽车结构特点

一、任务描述

客户李先生摇到了新能源汽车指标，正好比亚迪4S店有店庆活动——购买比亚迪秦补贴更有优惠。李先生进店咨询，销售顾问介绍了比亚迪秦，一辆搭载1.5T发动机和电机的并联式混合动力电动汽车，驱动模式较多，适应多种工况，而且综合油耗更低。李先生想要更详细地了解并联式混合动力电动汽车的结构和运行模式。假如你是这名销售顾问，需要掌握哪些知识给李先生介绍呢？

1. 你所面对的是什么类型的车辆？
_____
2. 你在任务中的角色是什么？
_____
3. 你的工作任务是什么？
_____

二、任务分析

根据任务描述中车辆的情况明确本次工作任务，并分析完成本次工作任务所需要掌握的知识点。

三、任务资讯

1. 填空题

1）并联式混合动力电动汽车主要由发动机、_____、动力蓄电池、_____等组成。

2）并联式混合动力电动汽车是在传统燃油汽车的基础上加了_____和_____，与串联式混合动力电动汽车不同，并联式结构中发动机和电机可以分别_____汽车，也可以_____汽车，其动力性也更加优越。

3）对于并联式混合动力电动汽车，发动机和电机都可以作为_____驱动车辆行驶，当两者同时工作时，由于它们都有自己的_____，需要合成一条动力传递路线来驱动车辆行驶，因此需要_____来实现发动机和电机动力的合成。

4）在起动工况下或节气门全开加速运行时，车辆处于_____模式，发动机和电机同时工作共同提供车辆前进的动力，其中_____起主要作用。

5）对于并联式混合动力电动汽车而言，发动机和电机可以直接驱动车辆，减少了_____过程中损失，因此能量的_____比串联式混合动力电动汽车高。

2. 选择题

1）在各种并联式混合动力电动汽车的工作模式中，发动机关闭，电机运行在发电机状态，通过消耗车辆的动能产生电能向动力蓄电池充电属于哪种工作模式（   ）。

　A. 纯电驱动模式

　B. 发动机驱动和动力蓄电池充电模式

　C. 再生制动模式

　D. 混合驱动模式

2）下列运行工况中，可以进行能量回收的是（   ）。

　A. 减速/制动工况　　　　　　　　B. 行驶中给动力蓄电池充电工况

　C. 正常行驶工况　　　　　　　　D. 起动/加速工况

3）对于并联式混合动力电动汽车结构特点，下列说法不正确的是（   ）。

　A. 发动机和电机可以单独驱动车辆行驶，无须能量的二次转换

　B. 并联式车辆工作模式较多，可以适应多种工况

　C. 当发动机提供的动力大于驱动车辆所需的动力，多余能量会通过电机发电给动力蓄电池充电

　D. 相对于串联式混合动力电动汽车，并联式更趋近于纯电动汽车

3. 请将对应图片序号填入下方横线内

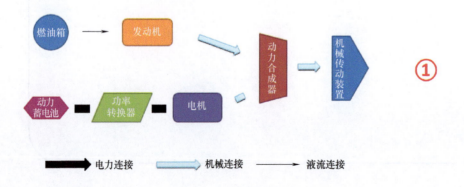

学习任务3　并联式混合动力电动汽车结构特点

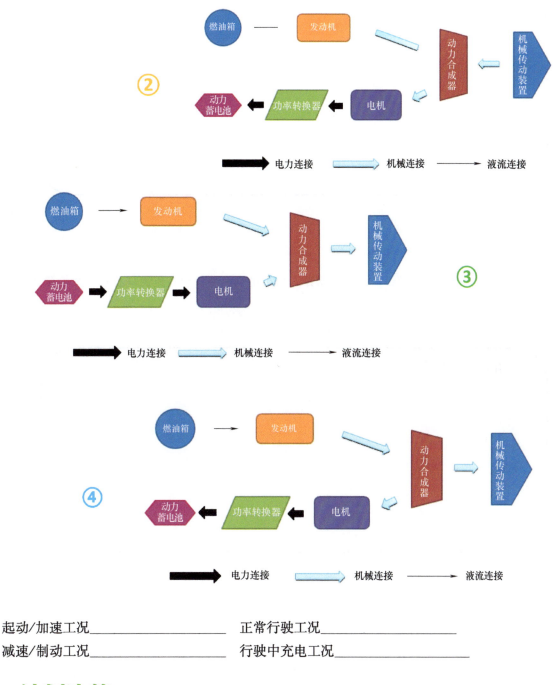

起动/加速工况_____　　正常行驶工况_____
减速/制动工况_____　　行驶中充电工况_____

四、计划决策

> 温馨提示
>
> 请各小组学习、思考和讨论解决问题的具体工作计划，考虑时间、工具、物料并将流程图画在下面空白处，接下来各组派出代表陈述本组的工作方案。

工作计划流程图

> **温馨提示**
> 各小组对其他组的工作计划进行评价,教师总评。各小组根据教师和各组的评价进行方案优化,并将优化方案写在下面方框内。

优化后的流程图

工具准备:

序　号	工具名称	工具数量
工具使用规范	请填写工具使用规范	

五、任务实施

每个学习小组派代表分别扮演客户和销售顾问（SA）角色，SA 与客户互动，并向客户讲解并联式混合动力电动汽车的结构组成、工作模式和特点等。

六、任务检查与评价

1. 请进行必要的最终检查和"6S"管理
2. 请根据实施过程进行总结并完善工作计划

总结内容和改进工作计划：

3. 学生填写自评表

要求每一个小组学生派代表上讲台讲述小组的学习成果和经验收获。

课堂小组经验分享记录：

4. 教师填写总评表

教师评价结果记录：

学习任务 4　混联式混合动力电动汽车结构特点

一、任务描述

客户刘先生准备购置一辆进口的第四代普锐斯混合动力电动汽车,该车辆为混联式结构,驱动模式较多,适应多种工况,而且拥有相比串、并联式混合动力电动汽车更多的优点。刘先生想要更详细地了解混联式混合动力电动汽车的结构和运行模式。假如你是一名丰田 4S 店的销售顾问,需要掌握哪些知识给刘先生介绍呢?

1. 你所面对的是什么类型的车辆?
_____
2. 你在任务中的角色是什么?
_____
3. 你的工作任务是什么?
_____

二、任务分析

根据任务描述中车辆的情况明确本次工作任务,并分析完成本次工作任务所需要掌握的知识点。

三、任务资讯

1. 填空题

1）混联式混合动力电动汽车是在_____和_____混合动力的基础上综合而成的一种混合动力形式。

2）混联式结构是在并联式的基础上又加入了一个_____，同时它没有常规的_____，而是采用一种称为_____的行星齿轮结构的动力合成器，起到连接、切换两种动力以及减速增扭的作用，同时也实现了_____。

3）在混联式混合动力电动汽车的_____工况中，发动机关闭，由动力蓄电池给电动机提供能量。利用电动机_____输出动力高效的特点，完美弥补了发动机起步_____的缺点。

4）混联式与串联式混合动力电动汽车相比，结构更加紧凑，拥有更大_____的同时，还缩小了整体_____和_____。

5）混联式混合动力电动汽车没有繁复的能量转化过程，_____可以直接驱动车辆，也可以直接为_____。能量转换的_____比燃油汽车更高。

2. 选择题

1）混联式混合动力电动汽车结构复杂，工作模式繁多，可以提供最大输出动力的是以下哪种工作模式（　　）。

A. 纯电驱动模式　　　　　　　　　　B. 纯发动机驱动模式

C. 混合驱动模式　　　　　　　　　　D. 再生制动模式

2）混联式相比串联式和并联式混合动力系统更具优势，同时结构更为复杂，下列说法不正确的是（　　）。

A. 与串联式混合动力电动汽车相比，增加了机械动力的传递路线

B. 与并联式混合动力电动汽车相比，增加了电能的传输路线

C. 拥有多种工作模式，可以灵活利用发动机和电动机的特性，使车辆达到最经济、节能、环保的状态

D. 混联式混合动力系统综合效率最高，基本上可以达到100%

3）丰田第四代普锐斯在混合动力技术上处在世界领先地位，其独特的变速系统称为（　　）。

A. 双离合变速器　　　B. CVT　　　C. ECVT　　　D. AT

3. 请将对应图片序号填入下方横线内

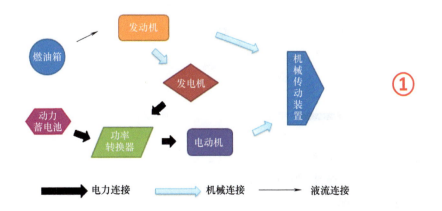

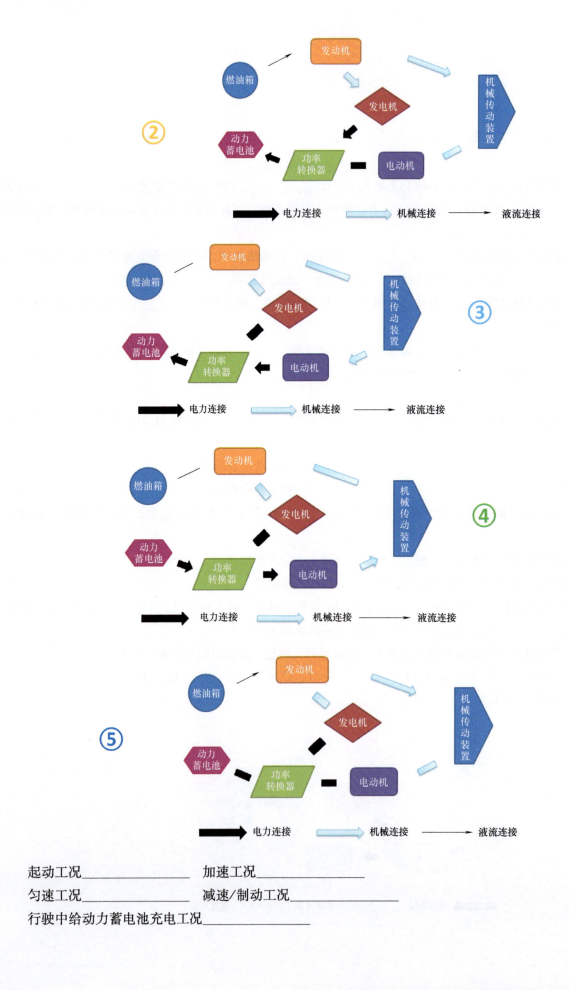

起动工况_____ 加速工况_____
匀速工况_____ 减速/制动工况_____
行驶中给动力蓄电池充电工况_____

四、计划决策

> **温馨提示**
> 请各小组学习、思考和讨论解决问题的具体工作计划,考虑时间、工具、物料并将流程图画在下面空白处,接下来各组派出代表陈述本组的工作方案。

工作计划流程图

> **温馨提示**
> 各小组对其他组的工作计划进行评价,教师总评。各小组根据教师和各组的评价进行方案优化,并将优化方案写在下面方框内。

优化后的流程图

工具准备：

序　号	工具名称	工具数量
工具使用规范	请填写工具使用规范	

五、任务实施

每个学习小组派代表分别扮演客户和销售顾问（SA）角色，SA 与客户互动，并向客户讲解混联式混合动力电动汽车的结构组成、工作模式和特点等。

六、任务检查与评价

1. 请进行必要的最终检查和"6S"管理
2. 请根据实施过程进行总结并完善工作计划

总结内容和改进工作计划：

3. 学生填写自评表

要求每一个小组学生派代表上讲台讲述小组的学习成果和经验收获。

课堂小组经验分享记录：

4. 教师填写总评表

教师评价结果记录：

学习情景 2

混合动力电动汽车高压维修操作安全

```
                                              ┌── 高压电的定义
                                              ├── 高压安全防护用具
                              ┌── 混合动力电动 ──┤
                              │   汽车的高压      ├── 混合动力电动汽车高压部件
                              │   保护措施        └── 混合动力电动汽车高压互锁回路
电气事故 ──┐
电流对人体的伤害 ──┤   电气危害与     混合动力电
                  ├── 触电急救 ──── 动汽车高压 ──┤
电击预防技术 ──┤                  维修操作安全      ┌── 混合动力电动汽车维修基本安全要求
电气伤害急救 ──┘                              └── 安全操作混合 ──┤── 高压维修的操作规程
                                                  动力电动汽       └── 检修高压系统时的注意事项
                                                  车高压系统
```

学习任务1　电气危害与触电急救

一、任务描述

某品牌维修站的一名维修技师在维修混合动力电动汽车时，未检查绝缘工具的安全性能，佩戴了破损的绝缘手套，违章作业，导致触电，作为车间的技术人员，请你对这名技师进行现场救助。

教师协助学生分析工作任务，运用问题引导方法：

1. 混合动力电动汽车动力电压与传统汽车的电源电压有什么区别？

_____
_____

2. 电气伤害救助需要注意哪些问题？

_____
_____

二、任务分析

根据任务描述中车辆的情况明确本次工作任务，并分析完成本次工作任务所需要掌握的知识点。

三、任务资讯

1）电气作业不当，会造成多种事故。一是对＿＿＿＿＿＿的伤害，包括电流伤害、电弧伤害、＿＿＿＿＿＿、＿＿＿＿＿＿以及电气设备故障造成的＿＿＿＿＿＿等；二是对＿＿＿＿＿＿的损害，主要是＿＿＿＿＿＿、＿＿＿＿＿＿，电气装置失灵等，严重时可引起电气火灾爆炸事故；三是对＿＿＿＿＿＿的干扰和污染，主要是指＿＿＿＿＿＿等；四是引起＿＿＿＿＿＿，指由于电气事故而带来的其他破坏作用的事故，如：发生爆炸、起火等。发生人身事故和设备事故，大多数是由于违反安全技术规程造成的。

2）电击是指电流通过人体时，破坏人的＿＿＿＿＿＿、＿＿＿＿＿＿、＿＿＿＿＿＿等的正常功能而造成的伤害。电伤是指电流的＿＿＿＿＿＿、化学效应、＿＿＿＿＿＿对人体造成的局部伤害，它可以由电流通过人体直接引起也可以由＿＿＿＿＿＿或电火花引起。电磁场生理伤害是指在＿＿＿＿＿＿的作用下，人会出现头晕、乏力、记忆力减退、失眠和多梦等神经系统的症状。

3）人碰到带电的导线，电流通过人体就叫触电。触电后，会对于人体和内部组织造成不同程度的损伤。请将流过人体的电流与人体反应表补充完整。

流过人体的电流/mA	人体的反应
0.6~1.5	
2~3	
5~7	
8~10	
20~25	
50~80	
90~100	

4）人体电阻由体内电阻和皮肤组成。接触电压为220V时，人体电阻的平均值为＿＿＿＿＿＿Ω；接触电压为380V时，人体电阻降为＿＿＿＿＿＿Ω。经过对大量实验数据的分析研究确定，人体电阻的平均值一般为＿＿＿＿＿＿Ω左右，而在计算和分析时，通常取下限值＿＿＿＿＿＿Ω。

5）直接接触电击预防技术分为＿＿＿＿＿＿、＿＿＿＿＿＿、＿＿＿＿＿＿和＿＿＿＿＿＿四类（最常见的安全措施）。

四、计划决策

> 🚗 **温馨提示**
>
> 请各小组学习、思考和讨论解决问题的具体工作计划，考虑时间、工具、物料并将流程图画在下面空白处，接下来各组派出代表陈述本组的工作方案。

工作计划流程图

> **温馨提示**
> 各小组对其他组的工作计划进行评价,教师总评。各小组根据教师和各组的评价进行方案优化,并将优化方案写在下面方框内。

优化后的流程图

各小组组长确定每一位学生的学习角色,对小组任务进行分配。组员按组长要求完成相关任务内容,并将自己所在小组及个人任务内容填入表中。

课堂任务:

序　号	成员角色、任务分配	负　责　人

工具准备：

序　号	工具名称	工具数量
工具使用规范	请填写工具使用规范	

五、任务实施

请模拟对触电的同学进行急救。

序　号	模拟对触电的同学进行急救	是否完成
1	脱离电源，立即切断电气设备的电源（在高电压车辆上关闭点火开关或者立即拔出维修开关）	是□否□
2	无法切断电源时，使用不导电的工具（木板、扫帚柄等）将伤者或者电流导体与电源分开	是□否□
3	评估伤患意识：判断伤者神志是否清醒，是否可以对话 检查呼吸 看——看伤者胸部、腹部有无起伏动作 听——将耳朵贴近伤者的口鼻处，听有无呼吸声 感觉——试测口鼻有无呼吸气流	是□否□
4	检查脉搏和瞳孔 循环体征：脉搏搏动每分钟60~80次 瞳孔反应：散大或缩小或双侧不等大	是□否□
5	胸外按压 a. 右手的食指和中指沿伤者的右侧肋弓下缘向上，找到肋骨和胸骨接合处的中点 b. 两手指并齐，中指放在切迹中点（剑突底部），食指平放在胸骨下部 c. 另一只手的掌根紧挨食指上缘，置于胸骨上，即为正确按压位置 以每分钟100次的频率按压胸骨下部30次	是□否□
6	伸展伤者头部，清除口腔异物	是□否□
7	两次人工呼吸 人工呼吸步骤：头部后仰，捏鼻掰嘴，贴嘴吹气，放松换气 注意事项：吹气时要捏住伤者鼻孔，吹气结束松开；吹气时一定要将伤者的口包严，以免漏气	是□否□

（续）

序　号	模拟对触电的同学进行急救	是 否 完 成
8	吹气时要用眼睛余光观看伤者胸部是否起伏 每吹两口气之间间隔 2~3s	是□否□
9	循环操作心肺复苏法（30 次胸外按压和 2 次人工呼吸）可维持氧气供应，直到急救人员到达	是□否□
10	6S 管理： 建立安全操作环境 清理及整理工具、量具 清理及复原车辆正常状况 清洗场地 物品回收和环保 完善和检查工单	是□否□ 是□否□ 是□否□ 是□否□ 是□否□ 是□否□

六、任务检查与评价

1. 请进行必要的最终检查和"6S"管理
2. 请根据实施过程进行总结并完善工作计划

总结内容和改进工作计划：

_____

_____

3. 学生填写自评表

要求每一个小组学生派代表上讲台讲述小组的学习成果和经验收获。

课堂小组经验分享记录：

4. 教师填写总评表

教师评价结果记录：

学习任务 2　混合动力电动汽车的高压保护措施

一、任务描述

刘先生购买了一辆混合动力电动汽车，在行驶了 10 000km 后，他来到 4S 店要求对车辆进行定期维护。作为一名 4S 店的技师，在接到任务后首先应该如何做好高压系统安全防护呢？

教师协助学生分析工作任务，运用问题引导方法：

1. 混合动力电动汽车的高压部件都有哪些？
_____
_____

2. 混合动力电动汽车的高压电气保护措施都有哪些？
_____
_____

二、任务分析

根据任务描述中车辆的情况明确本次工作任务，并分析完成本次工作任务所需要掌握的知识点。

三、任务资讯

1. 高压电的定义

在电动汽车安全要求标准 GB/T 18384.3—2015 中，将电动汽车的工作电压分为 A、B 两级。直流电压范围为_____，交流电压范围为_____的电压属于 A 级电压，不需要进行触电防护；直流电压范围为_____，交流电压范围为_____的电压属于 B 级电压，B 级电压电路中的带电部件，都应为接触人员提供防护措施。

2. 高压安全防护用具

常用的高压安全防护用具包括_____、绝缘服、_____、护目镜、_____、_____、绝缘工具。

3. 高压标识牌

所有高压部件，比如_____、高压配电箱、_____、电动空调压缩机等上面都贴有高压危险的标识牌。

4. 动力蓄电池和维修开关

混合动力电动汽车的动力蓄电池上都安装有_____，在维修时将插头拔下，可以确保_____不会再向外部高压系统输出高压电。

5. 高压配电箱

高压配电箱可对_____、_____进行实时监控，对高压安全进行管理，有_____、_____、过温保护功能；车辆发生碰撞或翻车时，能自动切断高压电。

6. 车载充电机

车载充电机将外部_____转换为直流电向动力蓄电池充电。车载充电机具有交流输入欠电压报警功能；_____功能；直流输出过电流保护功能；_____功能；输出软启动功能，防止电流冲击；充电联锁功能，保证充电机与_____连接断开前车辆不能起动；高压互锁功能，当有危害人身安全的高电压时，模块锁定无输出。在充电过程中，车载充电机能保证动力蓄电池的温度、充电电压和电流不超过允许值；并具有单体蓄电池_____功能，能自动根据_____的信息动态调整充电电流。车载充电机能自动判断充电_____、充电_____是否连接正确，充电机与充电桩和动力蓄电池正确连接后，才允许启动充电过程；当充电机检测到与充电桩或动力蓄电池连接不正常时，将立即停止充电。

7. 混合动力电动汽车高压互锁回路

高压互锁安全回路是个环形线路，通过低压电网来监控高电压电网。请在下图中将高压互锁回路线画出来。

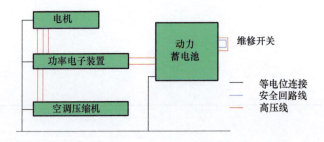

四、计划决策

> 🚗 **温馨提示**
>
> 请各小组学习、思考和讨论解决问题的具体工作计划,考虑时间、工具、物料并将流程图画在下面空白处,接下来各组派出代表陈述本组的工作方案。

工作计划流程图

> 🚗 **温馨提示**
>
> 各小组对其他组的工作计划进行评价,教师总评。各小组根据教师和各组的评价进行方案优化,并将优化方案写在下面方框内。

优化后的流程图

各小组组长确定每一位学生的学习角色,对小组任务进行分配。组员按组长要求完成相关任务内容,并将自己所在小组及个人任务内容填入表中。

课堂任务：

序　号	成员角色、任务分配	负　责　人

工具准备：

序　号	工具名称	工具数量
工具使用规范	请填写工具使用规范	

五、任务实施

对混合动力电动汽车进行高压维护前穿戴高压防护用具，选择高压安全工具，指出混合动力电动汽车上高压部件位置并采取一些安全防护措施。

序　号	测试项目	是否完成
1	放置高压标识牌	是□否□
2	穿绝缘服	是□否□
3	穿绝缘鞋	是□否□
4	戴绝缘帽	是□否□
5	佩戴护目镜	是□否□
6	戴绝缘手套	是□否□
7	选择高压安全工具（绝缘表或绝缘工具）	是□否□
8	指出混合动力电动汽车上高压部件位置 1）动力蓄电池 2）高压线束 3）高压配电箱 4）电动空调压缩机	是□否□

六、任务检查与评价

1. 请进行必要的最终检查和"6S"管理
2. 请根据实施过程进行总结并完善工作计划

总结内容和改进工作计划：

_____
_____

3. 学生填写自评表

要求每一个小组学生派代表上讲台讲述小组的学习成果和经验收获。

课堂小组经验分享记录：

4. 教师填写总评表

教师评价结果记录：

学习任务 3　安全操作混合动力电动汽车高压系统

一、任务描述

一辆混合动力电动汽车出现电机不转的故障,但仪表盘上却显示正常。作为一名维修技术人员要对此车进行维修,请按照正确的操作规程对车辆进行检查。

教师协助学生分析工作任务,运用问题引导方法:

1. 维修混合动力电动汽车时的基本安全要求有哪些?

_____
_____
_____

2. 维修混合动力电动汽车时应注意哪些事项?

_____
_____
_____

二、任务分析

根据任务描述中车辆的情况明确本次工作任务,并分析完成本次工作任务所需要掌握的知识点。

三、任务资讯

1. 车辆标识和工作区安全

写出下列标识出现时，高压技术人员应如何操作。

（高压电气系统已切断！标识）

_____
_____

（高压电气系统已接通，高压触点未暴露在外！标识）

_____
_____

（高压电气系统已接通！高压触点暴露在外！标识）

_____
_____

2. 检修高压系统时的注意事项

1）混合动力电动汽车车辆检修过程中一定要坚持_____的原则。

2）维修人员上岗不得佩戴_____，例如手表、戒指等，工作服衣袋内不得有金属物件，例如钥匙、金属壳笔、手机、硬币等。

3）维修人员必须穿戴必要的防护工具，如_____、_____、_____等。

4）严禁非专业人员对_____进行移除及安装。

5）未经过高压安全培训的维修人员，不允许对高压部件进行维护。

6）车辆在_____过程中不允许对高压部件进行移除、维护等工作。

7）对高压部件进行作业前，必须确认车辆钥匙处于_____档位并将12V电源断开。

8）高压部件打开后或插头断开后，使用万用表对其电压进行测量，电压在_____以下才可以进行下一步的操作。

9）高压部件拆装后，重新接通_____之前，需要检查所有高压部件的装配、连接，确保其可靠。

10）如果长时间放置车辆，需将_____断开。

四、计划决策

> **温馨提示**
>
> 请各小组学习、思考和讨论解决问题的具体工作计划，考虑时间、工具、物料并将流程图画在下面空白处，接下来各组派出代表陈述本组的工作方案。

工作计划流程图

> **温馨提示**
> 各小组对其他组的工作计划进行评价,教师总评。各小组根据教师和各组的评价进行方案优化,并将优化方案写在下面方框内。

优化后的流程图

各小组组长确定每一位学生的学习角色,对小组任务进行分配。组员按组长要求完成相关任务内容,并将自己所在小组及个人任务内容填入表中。

课堂任务:		
序　号	成员角色、任务分配	负 责 人

工具准备：

序　号	工 具 名 称	工 具 数 量
工具使用规范	请填写工具使用规范	

五、任务实施

高压维修的操作规程。在检查或维修高压系统时，请遵循以下安全要求。

序　号	测试项目	是否完成
1	关掉点火开关，拔出点火钥匙，将钥匙妥善保管	是□否□
2	断开辅助蓄电池负极端子	是□否□
3	戴好绝缘手套	是□否□
4	拔下维修开关	是□否□
5	等待10min或更长时间高压电器电容放电	是□否□
6	验证高压系统是否已经断电	是□否□
7	用绝缘乙烯胶带包裹被断开的高压线路插接器	是□否□
8	严防设备重新合闸	是□否□

六、任务检查与评价

1. 请进行必要的最终检查和"6S"管理
2. 请根据实施过程进行总结并完善工作计划

总结内容和改进工作计划：

_____

_____

3. 学生填写自评表

要求每一个小组学生派代表上讲台讲述小组的学习成果和经验收获。

课堂小组经验分享记录：

4. 教师填写总评表

教师评价结果记录：

学习情景3

混合动力电动汽车动力蓄电池结构原理

```
基本要求 ─┐
类型和特点 ─┤  ┌─────────┐    ┌─────────┐    ┌─────────┐  ┌─ 作用
          ├─→│动力蓄电池│ ─→ │混合动力电动│ ─→│动力蓄电池│─┤
结构特点 ─┤  │  的认知  │    │汽车动力蓄电│   │管理系统的│  └─ 组成和基本功能
正确处理动力蓄电池 ─┘           │池结构原理│   │   认知   │
                              └─────────┘    └─────────┘
```

学习任务 1　动力蓄电池的认知

一、任务描述

客户张先生欲购置一款新能源汽车，但是对于混合动力电动汽车和纯电动汽车的动力性能的差别并不熟悉，还存在很多疑问，现需要你作为 4S 店工作人员向张先生介绍混合动力电动汽车的动力蓄电池。

1. 你所面对的是什么类型的车辆？

___

2. 你在任务中的角色是什么？

___

3. 你的工作任务是什么？

___

二、任务分析

根据任务描述中车辆的情况明确本次工作任务，并分析完成本次工作任务所需要掌握的知识点。

___

三、任务资讯

1. 填空题

1）混合动力电动汽车上，动力蓄电池必须是具有强大能量的动力电源，除作为_____外，还要向

_____、_____等系统等提供电能。

2）一般纯电动汽车所采用的动力蓄电池，要求有较大的_____，而混合动力电动汽车所采用的动力蓄电池，则要求有较大的_____，两种动力蓄电池在性能方面各有侧重。

3）混合动力电动汽车对动力蓄电池的基本要求有哪些？

动力蓄电池的基本要求

4）我们常用的铅酸蓄电池主要分为三类，分别为_____、_____和_____。

5）锂离子蓄电池采用液态有机电解质，按照正极材料的不同，目前常用的有以下几种：三元材料锂电池（镍、钴、锰）、_____、_____、_____。

6）飞轮电池正是以_____转换成_____的。它突破了化学电池的局限，用_____实现储能。

7）大多数混合动力电动汽车使用_____系统。高压系统用于向_____提供动力，而传统的_____用于向低压辅助系统供电。

8）大多数混合动力电动汽车用_____蓄电池作为汽车的动力蓄电池来供电。普锐斯即采用_____，而第四代插电式普锐斯首次采用了_____为整车提供动力。

9）正确处理动力蓄电池

项　目	程　序
动力蓄电池所在区域出现液体泄漏时	使用_____的饱和液进行中和 用_____判定混合液为中性，用抹布或废布将其擦除
报废车辆时	从车辆上拆下动力蓄电池，通过规定的途径进行_____
存放动力蓄电池时	切勿将动力蓄电池放置于_____
长时间存放车辆时，防止动力蓄电池放电或损坏	断开辅助蓄电池_____ 存放期间，应每_____对动力蓄电池进行充电。使用以下程序，对动力蓄电池充电 1）连接辅助蓄电池_____ 2）将电源开关置于_____位置3min，不要施加任何电气负载（执行此操作以使混合动力电动汽车ECU总成检测正确的SOC） 3）将电源开关置于_____位置。发动机起动后，使其运转30min以对动力蓄电池充电。如果发动机无法起动或在30min内间歇性地停止，则立即停止操作（无需对动力蓄电池充电）

2. 判断题

1）纯电动汽车和混合动力电动汽车所采用的动力蓄电池，关注点没有区别。（　　）

2）金属氢化物镍蓄电池也是一种碱性电池。（　　）

3）混合动力电动汽车会有三个独立的电压系统。（　　）

3. 选择题

1）以下电池类型哪个属于物理电池？（　　　）

A. 铅酸蓄电池　　　　　　　　　　　　B. 飞轮电池

C. 镍镉蓄电池　　　　　　　　　　　　D. 金属氢化物镍蓄电池

2）能量密度和功率密度是我们选择电池的重要依据，下列电池在这方面具有极强的竞争力的是（　　）。

A. 铅酸蓄电池　　　　　　　　　　　　B. 金属氢化物镍蓄电池

C. 干电池　　　　　　　　　　　　　　D. 锂离子蓄电池

3）单体金属氢化物镍蓄电池的标称电压值是（　　）。

A. 1.2V　　　　　　B. 2V　　　　　　C. 3.7V　　　　　　D. 12V

4. 根据所学知识，完成下面连线题

分类	种类	应用
化学电池	铅酸蓄电池	移动电话、数码设备、混合动力电动汽车、小型电动汽车
	镍镉蓄电池	用于汽车起动、灯具、UPS电源、小型电动汽车
	金属氢化物镍蓄电池	玩具、电动工具、便携电器
物理电池	锂离子蓄电池	太空飞行器
	飞轮电池	移动电话、笔记本电脑、电动汽车、数码设备

5. 请解释丰田第四代普锐斯动力蓄电池技术与前三代的区别

_____
_____
_____

6. 请解释锂离子蓄电池发展的瓶颈

_____

7. 请解释飞轮电池的工作过程

四、计划决策

> 🚗 **温馨提示**
>
> 请各小组学习、思考和讨论解决问题的具体工作计划，考虑时间、工具、物料并将流程图画在下面空白处，接下来各组派出代表陈述本组的工作方案。

工作计划流程图

> 🚗 **温馨提示**
>
> 各小组对其他组的工作计划进行评价，教师总评。各小组根据教师和各组的评价进行方案优化，并将优化方案写在下面方框内。

优化后的流程图

工具准备：

序　号	工具名称	工具数量
工具使用规范	请填写工具使用规范	

五、任务实施

每个学习小组派代表分别扮演客户和销售顾问（SA）角色，SA 与客户互动，并向客户讲解混合动力电动汽车对动力蓄电池的基本要求、性能要求，动力蓄电池的特点、构造、工作原理以及如何正确处理动力蓄电池。

六、任务检查与评价

1. 请进行必要的最终检查和"6S"管理
2. 请根据实施过程进行总结并完善工作计划

总结内容和改进工作计划：

_____

_____

3. 学生填写自评表

要求每一个小组学生派代表上讲台讲述小组的学习成果和经验收获。

课堂小组经验分享记录：

4. 教师填写总评表

教师评价结果记录：

学习任务 2　动力蓄电池管理系统的认知

一、任务描述

客户张先生购置的混合动力电动汽车比亚迪秦，在行驶过程中，仪表盘上动力蓄电池切断指示灯亮起，4S店技术人员在经过各项检测之后，判断张先生的比亚迪秦汽车出现了动力蓄电池故障，此时你作为维修人员接到这个任务后，该如何向张先生介绍动力蓄电池管理系统呢？

1. 你所面对的是什么类型的车辆？

2. 你在任务中的角色是什么？

3. 你的工作任务是什么？

二、任务分析

1. 请检查并记录车辆使用情况

检查项目	状态记录
周期维护灯点亮	是□ 否□
行驶里程	_____ km
上次维护时间	
检查车辆外观状态	

2. 根据任务描述中车辆的情况明确本次工作任务，并分析完成本次工作任务所需要掌握的知识点

三、任务资讯

1. 填空题

1)_____主要保障蓄电池在合理的条件范围内工作,检测蓄电池组的电压、电流、温度和继电器状态;进行_____和_____的预测,完成温度管理、均衡控制、_____、故障诊断、CAN 通信和液晶显示等功能。

2)动力蓄电池管理系统采用先进的微处理器进行控制,通过标准通信接口和控制模块对动力蓄电池进行管理,BMS 主要组成包括:①_____;②_____;③_____;④_____。

2. 判断题

1)纯电动汽车动力蓄电池系统与混合动力电动汽车动力蓄电池系统相比,纯电动汽车动力蓄电池偏向于能量型电池;而混合电力电动汽车动力蓄电池偏向于功率型电池。( )

2)动力蓄电池的总电压可以达到 90~400V,如此高的电压不会对人体会造成危害。( )

3)蓄电池组中各单体蓄电池的浮充电压参差不齐时,要进行均衡充电。( )

3. 选择题

1)蓄电池管理系统是电动汽车的智能核心,其英文表示是( )。

A. ABS　　　　B. BMS　　　　C. ECU　　　　D. DOD

2)SOC 是蓄电池管理系统检测的重点和难点,也是人们最关心的参数,可是却不容易获得。SOC 是指( )。

A. 荷电状态　　B. 系统芯片　　C. 呼救信号　　D. 续驶里程

4. 请解释 BMS 在纯电动汽车和混合动力电动汽车上作用有什么区别

_____
_____
_____
_____

四、计划决策

> **温馨提示**
> 请各小组学习、思考和讨论解决问题的具体工作计划,考虑时间、工具、物料并将流程图画在下面空白处,接下来各组派出代表陈述本组的工作方案。

工作计划流程图

> **温馨提示**
> 各小组对其他组的工作计划进行评价,教师总评。各小组根据教师和各组的评价进行方案优化,并将优化方案写在下面方框内。

优化后的流程图

工具准备:

序　号	工具名称	工具数量

(续)

序　号	工具名称	工具数量
工具使用规范	请填写工具使用规范	

五、任务实施

每个学习小组派代表分别扮演客户和维修人员角色,维修人员与客户互动,并向客户讲解蓄电池管理系统的作用、原理功能等。

六、任务检查与评价

1. 请进行必要的最终检查和"6S"管理
2. 请根据实施过程进行总结并完善工作计划

总结内容和改进工作计划:

_____

_____

3. 学生填写自评表

要求每一个小组学生派代表上讲台讲述小组的学习成果和经验收获。

课堂小组经验分享记录:

4. 教师填写总评表

教师评价结果记录:

学习情景4

混合动力电动汽车动力系统结构原理

```
                                    ┌─ 混合动力电动汽车
                                    │  对电机的基本要求
                   ┌─ 混合动力电动 ──┼─ 异步电机在混合动力
                   │  汽车动力系     │  电动汽车中的应用
                   │  统电机介绍     └─ 永磁同步电机在混合动
                   │                    力电动汽车中的应用
  混合动力电动 ────┤
  汽车动力系统     │
  结构原理         │                  ┌─ 通用汽车混合动力
                   │                  │  系统技术概况
                   └─ 通用汽车混合 ──┤
                      动力电动汽车    │
                      动力系统结构    └─ 通用汽车混合动力系统的结
                      原理               构、工作原理及驱动模式
```

学习任务 1　混合动力电动汽车动力系统电机介绍

一、任务描述

一位客户想购买一辆混合动力电动汽车，但他并不了解混合动力电动汽车的动力系统，不知道车辆上使用哪种电机比较好，你作为销售顾问负责给客户介绍混合动力电动汽车上的电机种类和特点。

1. 你所面对的是什么类型的车辆？
_____

2. 你在任务中的角色是什么？
_____

3. 你的工作任务是什么？
_____

二、任务分析

根据任务描述中车辆的情况明确本次工作任务，并分析完成本次工作任务所需要掌握的知识点。

三、任务资讯

1）应用于电动汽车的驱动电机主要有_____、_____和开关磁阻电机三类。

2）在目前乘用车、商用车领域应用较为广泛的电机包括直流（无刷）电机、_____（异步）电机、_____电机、开关磁阻电机等。

3）异步电机又称感应电机，_____是用来产生旋转磁场的，_____是电机的旋转部分，切割_____产生_____，并形成电磁转矩而使电机旋转。

4）异步电机（有、没有）电刷或集电环，依据所用交流电的种类有单相异步电机和_____异步电机。

5）请在下图方框中填写三相笼型交流异步电机部件名称。

风扇罩　内端盖　底座　　　　　　　　　　　　　前端盖

机座散热片

6）由于交流异步电机不能直接使用_____，因此需要_____进行转换控制。

7）混合动力电动汽车减速或_____时，电机处在发电制动状态，给动力蓄电池充电，实现机械能转换为_____能。

8）永磁同步电机拥有功率密度大、_____、_____、结构简单牢固、易于维护等优点。

9）永磁同步电机由_____来产生磁场，其_____产生旋转磁场，转子用永磁材料制成。

10）请画出永磁同步电机的机械特性曲线图。

四、计划决策

> 温馨提示
>
> 请各小组学习、思考和讨论解决问题的具体工作计划,考虑时间、工具、物料并将流程图画在下面空白处,接下来各组派出代表陈述本组的工作方案。

工作计划流程图

> 温馨提示
>
> 各小组对其他组的工作计划进行评价,教师总评。各小组根据教师和各组的评价进行方案优化,并将优化方案写在下面方框内。

优化后的流程图

工具准备:

序　号	工具名称	工具数量

（续）

序　号	工具名称	工具数量
工具使用规范	请填写工具使用规范	

五、任务实施

每个学习小组派代表分别扮演客户和销售顾问（SA）角色，SA 与客户互动，并向客户介绍混合动力系统电机工作情况。

六、任务检查与评价

1. 请进行必要的最终检查和"6S"管理
2. 请根据实施过程进行总结并完善工作计划

总结内容和改进工作计划：
_____
_____

3. 学生填写自评表

要求每一个小组学生派代表上讲台讲述小组的学习成果和经验收获。

课堂小组经验分享记录：

4. 教师填写总评表

教师评价结果记录：

学习任务2　通用汽车混合动力电动汽车动力系统结构原理

一、任务描述

客户想购买一辆通用混合动力电动汽车，经过对比，客户发现混合动力电动汽车的动力系统原理并不相同，你作为销售顾问负责给客户介绍通用混合动力电动汽车的动力系统。

1. 你所面对的是什么类型的车辆？
_____
2. 你在任务中的角色是什么？
_____
3. 你的工作任务是什么？
_____

二、任务分析

根据任务描述中车辆的情况明确本次工作任务，并分析完成本次工作任务所需要掌握的知识点。

三、任务资讯

1）通用最新一代模块化驱动系统由一台1.8L自然吸气发动机和两组_____电机以及_____（双

排、单排）行星齿轮和_____（两个、一个）离合器构成，并配以高度集成的 TPIM 电控模块。

2）请根据通用君越 30H 动力系统参数填写下表。

发动机排量	1.8L 自然吸气
发动机搭载技术	阿特金森循环/双顶置凸轮轴/SIDI（缸内直喷）
最大输出功率/最大输出功率转速	
最大转矩/最大转矩转速	
电机总功率	
电机总转矩	
最大综合输出功率	
最大综合输出转矩	

3）君越 30H 上的驱动系统主要有_____驱动、_____驱动以及_____驱动三种驱动模式。

4）通用君越 30H 电控系统名为 TPIM，TPIM 控制系统本体内含三个_____，分别用于两个电机及_____的供电。

5）请在通用君越 30H 驱动系统元件布置图中填写元件名称。

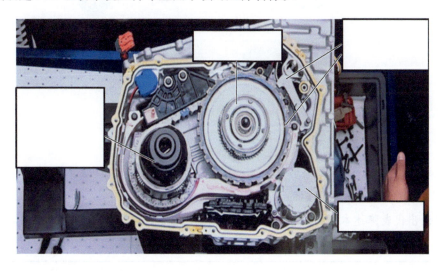

6）通用君越 30H 在驱动系统上采用了双排行星齿轮的设计。电机 1、2 分别连接行星齿轮 1、2 的_____，发动机则连接行星齿轮 1 的_____。

7）请在下图中用彩色的笔画出低速纯电模式动力传递路线。

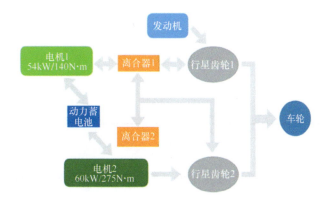

8）请在下图中用彩色的笔画出固定齿比模式动力传递路线。

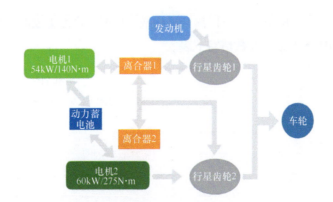

9)请在下图中用彩色的笔画出复合模式动力传递路线。

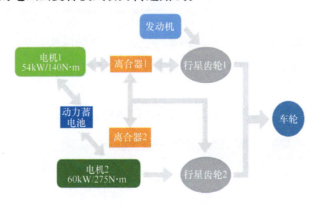

四、计划决策

> **温馨提示**
>
> 请各小组学习、思考和讨论解决问题的具体工作计划,考虑时间、工具、物料并将流程图画在下面空白处,接下来各组派出代表陈述本组的工作方案。

工作计划流程图

> **温馨提示**
>
> 各小组对其他组的工作计划进行评价,教师总评。各小组根据教师和各组的评价进行方案优化,并将优化方案写在下面方框内。

优化后的流程图

工具准备：

序　号	工具名称	工具数量
工具使用规范	请填写工具使用规范	

五、任务实施

每个学习小组派代表分别扮演客户和销售顾问（SA）角色，SA 与客户互动，并向客户讲解通用汽车混合动力系统的结构、工作原理及驱动模式。

六、任务检查与评价

1. 请进行必要的最终检查和"6S"管理
2. 请根据实施过程进行总结并完善工作计划
   总结内容和改进工作计划：

3. 学生填写自评表
   要求每一个小组学生派代表上讲台讲述小组的学习成果和经验收获。

课堂小组经验分享记录：

4. 教师填写总评表

教师评价结果记录：

学习情景5

混合动力电动汽车辅助系统

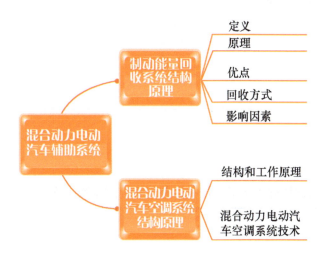

学习任务 1　制动能量回收系统结构原理

一、任务描述

李先生想要购买一辆混合动力电动汽车，正值某 4S 店搞"清凉一夏，优惠出行"的活动，李先生在参观展车的过程中发现店里混合动力电动汽车的档位比传统燃油车多出一个再生制动 B 档位，李先生不知道 B 档位是如何工作的，于是准备咨询销售顾问。假如你是 4S 店的一名销售顾问。你会如何给李先生讲解制动能量回收系统呢？

1. 你所面对的是什么类型的车辆？

___

2. 你在任务中的角色是什么？

___

3. 你的工作任务是什么？

___

二、任务分析

根据任务描述中车辆的情况明确本次工作任务，并分析完成本次工作任务所需要掌握的知识点。

三、任务资讯

1. 填空题

1）制动能量回收系统是指汽车在减速、滑行或下坡时，将车辆行驶过程中的势能和动能，转化或部分转化为_____存储起来的系统。

2）在有制动能量回收系统工作的情况下，车辆本身处于_____状态，此时所需的制动力会相对_____。

3）根据储能机理不同，新能源汽车制动能量回收的方式也不同，主要有_____、_____和_____等几种方式，其中_____是新能源汽车上应用最广泛的制动能量回收方式。

2. 判断题

1）制动能量回收系统可以提高车辆的能量利用率，有效地增加续驶里程。（　　）
2）在车辆非紧急制动的普通制动场合，约40%的能量可以通过制动回收。（　　）
3）制动能量回收系统及辅助制动力大小与车速有关，和踩下制动踏板行程无关。（　　）
4）制动能量回收系统能使制动平稳，但会增加车辆制动蹄片的磨损。（　　）
5）汽车在制动能量回收时和用电能驱动前进时，能量的流向刚好相反。（　　）

3. 选择题

以下车型能够实现制动能量回收的有（　　）。

A. 绅宝 D50

B. 北极狐 Lite

C. 普锐斯

D. 丰田 Mirai

4. 根据所学知识，完成填空并正确填写不同制动能量回收方式的能量转换图

1）飞轮储能。

飞轮储能是利用_____带动飞轮高速旋转，将_____能转化成_____能储存起来，在需要的时候再用_____带动发电机发电的储能方式。当车辆起动或加速时，飞轮储能系统将其_____转换为汽车行驶的驱动力。

```
                  输出_____      能量    输出_____     _____能量
┌──────────┐  ──────────→  ┌──────┐  ──────────→  ┌──────┐
│驱动轮（轴）│                │      │                │ 飞轮 │
└──────────┘  ←──────────  └──────┘  ←──────────  └──────┘
                  输入_____               输入_____
```

2）液压储能。

液压储能以_____能的方式_____能量，液压储能系统由一个具有_____的泵/马达实现

蓄能器中的_____与车辆_____之间的转化。

3）电化学储能。

在车辆制动或减速时，电机以_____形式工作，车辆行驶的_____带动发电机将车辆动能转化为_____并储存在_____中，实现储能装置中的_____和车辆_____的转化。

5. 根据所学知识，完成下面连线题

1）

飞轮储能　　一致性好、低温性好、维护成本低、寿命长

液压储能　　结构简单、成本低、可靠性高、但能量密度小

电化学储能　　平稳、能耗低、维护简单、寿命长、但技术有限

2）

影响制动能量回收的因素有电机、动力蓄电池、液压制动系统

电机的工作效率不影响制动能量回收效率

不论电机转速多大都可以实现制动能量的回收

当动力蓄电池电量充足时，即使制动也不会给动力蓄电池充电

设有制动能量回收系统的车辆不需要给液压系统增加控制单元

6. 根据所学知识完成下表

动力蓄电池是制动能量回收的_____，蓄电池对 SOC 的运行范围有一定的要求，_____和_____都会影响蓄电池的寿命。

SOC	30%	50%	70%	90%
蓄电池充电	是□否□	是□否□	是□否□	是□否□
车辆制动	是□否□	是□否□	是□否□	是□否□

四、计划决策

温馨提示

请各小组学习、思考和讨论解决问题的具体工作计划，考虑时间、工具、物料并将流程图画在下面空白处，接下来各组派出代表陈述本组的工作方案。

工作计划流程图

温馨提示

各小组对其他组的工作计划进行评价，教师总评。各小组根据教师和各组的评价进行方案优化，并将优化方案写在下面方框内。

优化后的流程图

工具准备：

序　　号	工具名称	工具数量
工具使用规范	请填写工具使用规范	

五、任务实施

每个学习小组派代表分别扮演客户和销售顾问（SA）角色，SA 与客户互动，并向客户讲解制动能量回收系统定义、原理、特点、回收方式和影响因素等。

六、任务检查与评价

1. 请进行必要的最终检查和"6S"管理
2. 请根据实施过程进行总结并完善工作计划

总结内容和改进工作计划：
_____
_____

3. 学生填写自评表

要求每一个小组学生派代表上讲台讲述小组的学习成果和经验收获。

课堂小组经验分享记录：

4. 教师填写总评表

教师评价结果记录：

学习任务 2　混合动力电动汽车空调系统结构原理

一、任务描述

　　高先生想驾驶新买的混合动力电动汽车旅行，由于正值夏季天气炎热，行驶过程中需要开空调，高先生担心开空调影响车辆的续驶里程，于是去 4S 店咨询服务顾问空调系统的工作状况。假如你是 4S 店的一名服务顾问，你会如何给高先生讲解空调系统呢？

　　1. 你所面对的是什么类型的车辆？

_____

　　2. 你在任务中的角色是什么？

_____

　　3. 你的工作任务是什么？

_____

二、任务分析

　　1. 请检查并记录车辆使用情况

检 查 项 目	状 态 记 录
周期维护灯点亮	是□否□
行驶里程	_____km
上次维护时间	
检查车辆外观状态	

　　2. 根据任务描述中车辆的情况明确本次工作任务，并分析完成本次工作任务所需要掌握的知识点

三、任务资讯

1. 填空题

1）汽车空调系统主要包括_____和_____。空调制冷系统主要包括_____、_____、_____、_____和_____及相关的空调管路。

2）传统燃油汽车空调暖风系统主要是当_____温度较高时，冷却液流过暖风系统中的_____，将鼓风机送来的空气与_____进行热交换，空气加热后被_____通过各出风口吹出送入车内。对于纯电动汽车，没有了发动机作为热源，则是通过装有_____的风箱来提供热量，将_____送来的空气加热后吹出送到各风口的。

2. 根据所学知识完成空调制冷系统零部件名称填写

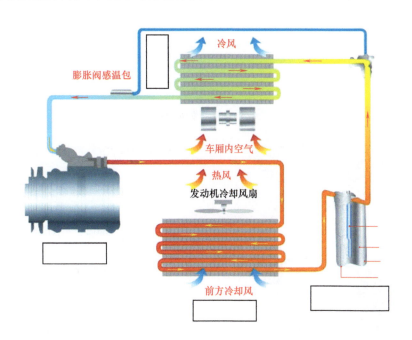

3. 选择题

1）制冷剂离开压缩机时的状态为（ ）。

　A. 低压过热蒸气　　　B. 低压过冷蒸气　　　C. 高压过热蒸气　　　D. 高压过冷蒸气

2）在空调制冷循环系统中，被吸入压缩机的制冷剂是（ ）状态。

　A. 低压液体　　　　　B. 高压液体　　　　　C. 低压气体　　　　　D. 固体

3）在汽车空调系统中，（ ）将系统的低压侧与高压侧分开。

　A. 干燥罐　　　　　　B. 压缩机　　　　　　C. 蒸发器　　　　　　D. 冷凝器

4）制冷剂离开膨胀阀时的状态为（ ）。

　A. 低压过热蒸气　　　B. 低压过冷蒸气　　　C. 高压过热蒸气　　　D. 高压过冷蒸气

5）制冷剂离开蒸发器时的状态为（ ）

　A. 低压过热蒸气　　　B. 低压过冷蒸气　　　C. 高压过热蒸气　　　D. 高压过冷蒸气

6）下列物品不是使用 PTC 加热器加热的是（ ）

A.

B.

C.

D.

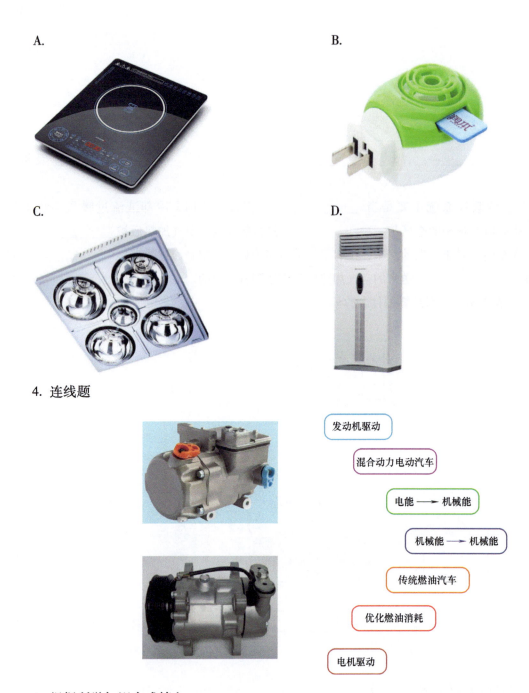

4. 连线题

发动机驱动

混合动力电动汽车

电能 → 机械能

机械能 → 机械能

传统燃油汽车

优化燃油消耗

电机驱动

5. 根据所学知识完成填空

由于电机转速较高，混合动力电动汽车的电动压缩机大多采用_____。

6. 根据下图简述此类型压缩机工作原理

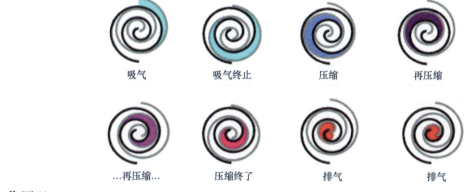

工作原理：_____

_____

_____

_____

7. 判断题

1）混合动力电动汽车在低速时只有电机工作。   （   ）
2）混合动力电动汽车速度超过 40km/h 后，只有发动机工作。   （   ）
3）纯电驱动模式下，混合动力电动汽车空调暖风系统只需要 PTC 加热器工作即可。（   ）
4）混合驱动模式下，混合动力电动汽车空调暖风系统必须依靠 PTC 加热器辅助加热。（   ）
5）在冷车时，使用混合驱动模式可高效利用发动机动力制热，快速提升冷却液温度。（   ）
6）随着 PTC 加热器工作时间增加，车辆燃油消耗会逐渐增加。   （   ）
7）空调滤芯需要定期清理，必要时需要更换。   （   ）
8）合理使用车辆内外循环，使用外循环可以保证车内空气质量并有效降低能耗。 （   ）

四、计划决策

温馨提示

请各小组学习、思考和讨论解决问题的具体工作计划，考虑时间、工具、物料并将流程图画在下面空白处，接下来各组派出代表陈述本组的工作方案。

工作计划流程图

> **温馨提示**
>
> 各小组对其他组的工作计划进行评价，教师总评。各小组根据教师和各组的评价进行方案优化，并将优化方案写在下面方框内。

优化后的流程图

工具准备：

序　号	工具名称	工具数量
工具使用规范	请填写工具使用规范	

五、任务实施

每个学习小组派代表分别扮演客户和服务顾问角色，服务顾问与客户互动，并向客户讲解空调系统结构和原理、电动压缩机结构和原理、空调暖风系统结构和工作原理等。

六、任务检查与评价

1. 请进行必要的最终检查和"6S"管理
2. 请根据实施过程进行总结并完善工作计划

总结内容和改进工作计划：

3. 学生填写自评表

要求每一个小组学生派代表上讲台讲述小组的学习成果和经验收获。

课堂小组经验分享记录：

4. 教师填写总评表

教师评价结果记录：

学习情景6

比亚迪秦混合动力电动汽车原理与检修

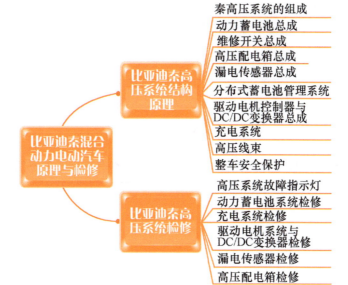

- 比亚迪秦混合动力电动汽车原理与检修
  - 比亚迪秦高压系统结构原理
    - 秦高压系统的组成
    - 动力蓄电池总成
    - 维修开关总成
    - 高压配电箱总成
    - 漏电传感器总成
    - 分布式蓄电池管理系统
    - 驱动电机控制器与DC/DC变换器总成
    - 充电系统
    - 高压线束
    - 整车安全保护
  - 比亚迪秦高压系统检修
    - 高压系统故障指示灯
    - 动力蓄电池系统检修
    - 充电系统检修
    - 驱动电机系统与DC/DC变换器检修
    - 漏电传感器检修
    - 高压配电箱检修

学习任务 1　比亚迪秦高压系统结构原理

一、任务描述

　　小张是一名刚进入比亚迪 4S 店的员工，他对于混合动力电动汽车还不熟悉，请你作为维修技师向小张介绍比亚迪秦混合动力系统的结构。

　　1. 你所面对的是什么类型的车辆？
_____

　　2. 你在任务中的角色是什么？
_____

　　3. 你的工作任务是什么？
_____

二、任务分析

　　根据任务描述中车辆的情况明确本次工作任务，并分析完成本次工作任务所需要掌握的知识点。

三、任务资讯

　　1) 比亚迪秦混合动力电动汽车高压系统包括_____及_____系统、_____、

_____、空调系统、_____等部分。

2）请在比亚迪秦 2015 款混合动力电动汽车整车高压电气设备分布图的方框中填写部件名称。

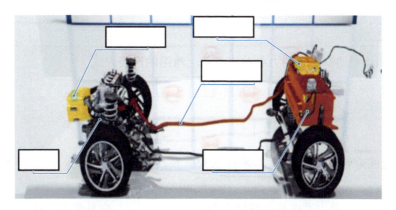

3）在比亚迪秦混合动力电动汽车行李箱内部布置的高压电气设备有_____、_____、
_____总成、_____。

4）请在比亚迪秦混合动力电动汽车行李箱内部高压电气设备布置图中填写部件名称。

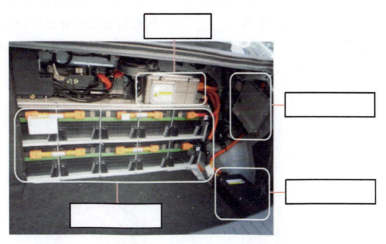

5）在比亚迪秦混合动力电动汽车驾驶室内部布置的高压电气设备有_____、驱动电机控制器_____及空调_____。

6）在比亚迪秦混合动力电动汽车发动机舱布置的高压电气设备有_____、驱动电机控制器与_____总成、空调配电盒、_____、PTC 加热器。

7）请在比亚迪秦混合动力电动汽车发动机舱高压电气设备的布置图中填写部件名称。

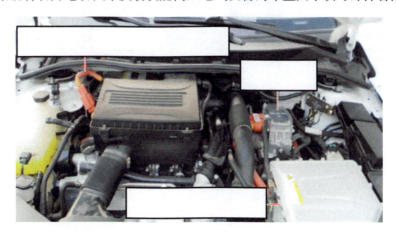

8）比亚迪秦混合动力电动汽车的动力蓄电池包由哪些部分组成？

_____

_____

_____

9）请在下图中画出比亚迪秦混合动力电动汽车蓄电池组的连接方式。

上层 | 6 | 7 | 8 | 9 | 10 |　　+

下层 | 5 | 4 | 3 | 2 | 1 |　　−

10）动力蓄电池包线束包括高压线束和采样线束，高压线束分为_____线、_____线、_____线等类型。

11）动力蓄电池上电是指动力蓄电池内部继电器_____，向外部高压用电器供电的过程。

12）维修开关安装在动力蓄电池包的左上角，连接了动力蓄电池的一个_____和一个_____。维修开关的功用是在车辆维修时直接断开_____，从而保证操作人员的安全。

13）高压配电箱位于后行李箱动力蓄电池包支架右上方，其功用是将动力蓄电池包的高压直流电_____给整车高压电气设备使用，也将_____的高压直流电分配给动力蓄电池包。其上游是_____，下游包括_____及DC/DC变换器总成、PTC加热器、电动压缩机、漏电传感器。

14）请在高压配电箱线束连接图的方框内填写各端子连接的部件名称。

15）请在高压配电箱内部元件布置图中填写相应的部件名称。

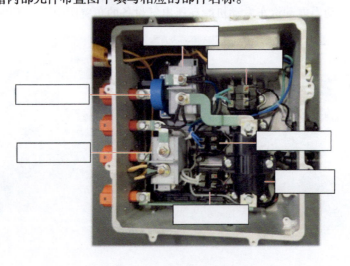

16）漏电传感器功用是通过对电动汽车_____与其外壳、车身底盘之间的绝缘阻抗检测，来判断动力蓄电池包的漏电程度。

17）蓄电池信息采集器的主要功能是_____采样、_____采样、_____均衡、采样线异常检测等。

18）蓄电池管理控制器的主要功能是_____监测、_____监测、_____计算、_____管理、接触器控制、功率控制、蓄电池异常状态报警和保护、漏电报警、碰撞保护、自检以及通信功能等。

19）请在驱动电机控制器连接示意图中填写相应的信号名称。

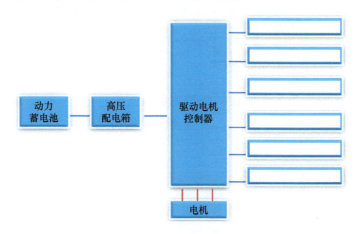

20）请在DC/DC变换器连接示意图中填写相应的部件名称。

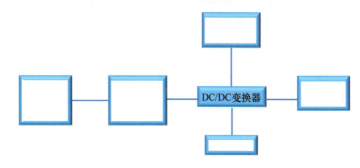

21）请在交流充电口端子图中解释各端子的作用。

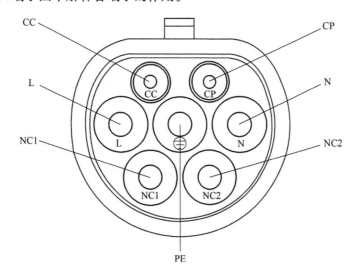

22）请在充电原理示意图中填写各部件的名称。

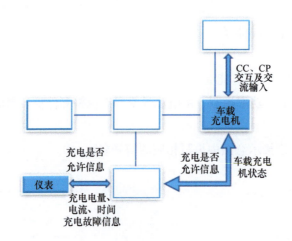

23）比亚迪秦针对高压安全等方面所做的防护主要有_____反接保护、_____泄放、_____泄放、_____互锁、_____检测、碰撞保护等。

四、计划决策

> **温馨提示**
>
> 请各小组学习、思考和讨论解决问题的具体工作计划，考虑时间、工具、物料并将流程图画在下面空白处，接下来各组派出代表陈述本组的工作方案。

工作计划流程图

> **温馨提示**
>
> 各小组对其他组的工作计划进行评价，教师总评。各小组根据教师和各组的评价进行方案优化，并将优化方案写在下面方框内。

优化后的流程图

工具准备：

序　号	工具名称	工具数量
工具使用规范	请填写工具使用规范	

五、任务实施

请在比亚迪秦实车上找出高压系统各部件的安装位置，并说出各部分的功能。

学生姓名		车型： 车辆识别号码（VIN）：	
序　号	部件名称	安装位置	功能简介
1	电机控制器		
2	电机		
3	高压配电箱		
4	动力蓄电池		
5	蓄电池管理控制器		
6	空调配电盒		
7	交流充电口		
8	车载充电机		
9	维修开关		
10	漏电传感器		
11	DC/DC变换器		
12	高压线束		

六、任务检查与评价

1. 请进行必要的最终检查和"6S"管理
2. 请根据实施过程进行总结并完善工作计划

总结内容和改进工作计划：

_____

_____

3. 学生填写自评表

要求每一个小组学生派代表上讲台讲述小组的学习成果和经验收获。

课堂小组经验分享记录：

4. 教师填写总评表

教师评价结果记录：

学习任务2　比亚迪秦高压系统检修

一、任务描述

　　一辆比亚迪秦混合动力电动汽车在行驶中突然显示"请检查动力系统"字样，此时动力系统不能切换到纯电动模式，并且制动时也不能回收能量。请你作为维修技师为客户排除车辆的故障。

　　1. 你所面对的是什么类型的车辆？

_____

　　2. 你在任务中的角色是什么？

_____

　　3. 你的工作任务是什么？

_____

二、任务分析

　　1. 请检查并记录车辆使用情况

检查项目	状态记录
周期维护灯点亮	是□ 否□
行驶里程	_____ km
上次维护时间	
检查车辆外观状态	

　　2. 根据任务描述中车辆的情况明确本次工作任务，并分析完成本次工作任务所需要掌握的知识点

三、任务资讯

1. 填空题

1）高压系统故障指示灯包括_____故障灯、_____过热警告灯、动力蓄电池_____警告灯、电机_____过高警告灯、电机_____警告灯等。

2）CAN 通信采集到_____、_____控制器、_____控制器的故障信号时，仪表 CPU 驱动指示灯点亮。

3）当接收到 BMS 故障信号或 ON 档与 BMS 失去通信时，_____故障警告灯点亮。

4）请在比亚迪秦电机冷却液温度过高警告灯点亮说明表中填写温度值的范围。

信号来源	故障类型	温 度 值	故障现象
驱动电机控制器	电机冷却液温度由低往高变化		点亮警告灯
	电机冷却液温度由高往低变化		熄灭警告灯

5）车载充电系统主要组成部分：_____、_____、BMS、高压配电箱和动力蓄电池。

6）充电系统常见故障有系统_____，充电中途_____等。

7）比亚迪秦采用_____漏电传感器。当_____系统漏电时，传感器会发出一个信号给蓄电池管理控制器。

8）蓄电池管理控制器接收到_____后会根据漏电情况立即报警或者控制立即_____高压系统，防止高压漏电对人或者物品造成伤害和损失。

9）比亚迪秦高压配电箱主要是将_____的电能分配给各用电器，也将车载充电机输出的电能分配给蓄电池包。高压配电箱本身无故障码，但是_____及_____可以通过蓄电池管理控制器的故障码来判断。

2. 请判断下列更换动力蓄电池的注意事项是否正确

1）操作之前务必佩戴绝缘手套。（　　）

2）拆卸/安装蓄电池组连接线的工作可以 2 人同时操作，特别是蓄电池包前后连接线同时操作。（　　）

3）一定要将前部/后部连接线全部连接完毕后，再进行另外一侧连接线的安装。（　　）

4）拆卸/安装蓄电池组紧固件时，先将前部/后部蓄电池组安装螺栓全部安装完毕后，再进行另一侧所有螺栓的安装。（　　）

5）拆卸/安装蓄电池包之前，电池托架上部的辅助蓄电池及其连接线可以安装。（　　）

6）连接维修开关前要使维修开关处于导通状态。（　　）

四、计划决策

> **温馨提示**
>
> 请各小组学习、思考和讨论解决问题的具体工作计划，考虑时间、工具、物料并将流程图画在下面空白处，接下来各组派出代表陈述本组的工作方案。

工作计划流程图

> 🔔 **温馨提示**
> 各小组对其他组的工作计划进行评价,教师总评。各小组根据教师和各组的评价进行方案优化,并将优化方案写在下面方框内。

优化后的流程图

工具准备:

序　号	工具名称	工具数量

工具使用规范	请填写工具使用规范

五、任务实施

1. 请按下表写出动力蓄电池更换流程

序 号	实施步骤	是否完成
1	将电源开关置于 OFF 档,拆下后排座椅,断开维修开关,等待 5min	是□否□
2	拆掉行李箱内饰护板和动力蓄电池包密封罩的前后封板	是□否□
3	用万用表检测蓄电池是否漏电。检测方法为:将万用表正极分别搭在蓄电池正负极端子,负极搭车身地,正常值为 10V 以下。若过大请不要拆卸,检测漏电原因和位置,排除问题后再进行后序操作	是□否□
4	佩戴绝缘手套,用套筒依次拆卸掉动力蓄电池串联线、维修开关线束、动力蓄电池包正负极线束固定螺栓,同时取下这些连接线束	是□否□
5	用一字螺钉旋具撬开动力蓄电池采样线固定卡扣,拔掉所有动力蓄电池采样线与蓄电池信息采集器连接的插接器	是□否□
6	用套筒拆卸掉每个蓄电池组 4 个角的固定螺栓	是□否□
7	从行李箱处取出蓄电池组,更换新的蓄电池组	是□否□
8	分别检测蓄电池组漏电情况,检测方法和拆卸检测一致	是□否□
9	用套筒安装好每个蓄电池组四个角的固定螺栓	是□否□
10	依次安装上动力蓄电池串联线、维修开关线束、动力蓄电池包正负极线束,同时用套筒拧紧固定螺栓	是□否□
11	将动力蓄电池采样线上的插接器与蓄电池信息采集器一一对应并插入,听见"咔"的响声即可,卡上动力蓄电池采样线卡扣	是□否□
12	插上维修开关把手,上电检查动力蓄电池问题是否已解决,若无问题,则进行以下操作 安装好动力蓄电池包密封罩的前后封板、行李箱内饰护板和后排座椅,结束操作	是□否□

2. 蓄电池管理控制器端子检查

请根据比亚迪秦 100 混合动力电动汽车蓄电池管理控制器端子检查表对线路进行检查,判断线路是否有故障。

连接端子	端子描述	线色	条件	正常值	实测值	是否有故障
K64-1—GND	维修开关输出信号	Y/G	ON 档/OK 档/充电	PWM 信号		
K64-2—GND	一般漏电信号	G/Y	一般漏电	<1V		
K64-6—GND	整车低压地	B	始终	<1V		
K64-9—GND	正极接触器	L	整车上高压电	<1V		
K64-10—GND	严重漏电信号	G/Y	严重漏电	<1V		
K64-11—GND	漏电测试信号	W/B	—	—		
K64-14—GND	辅助蓄电池正	G/R	ON 档/OK 档/充电	9~16V		
K64-17—GND	预充接触器	L/W	预充过程中	<1V		
K64-18—GND	漏电传感器电源正	W/R	ON 档/OK 档/充电	9~16V		
K64-19—GND	漏电传感器地	B	始终	2.5~3.5V		
K64-20—GND	漏电传感器电源负	Y/L	ON 档/OK 档/充电	−16~−9V		

（续）

连接端子	端子描述	线色	条 件	正 常 值	实 测 值	是否有故障
K64-26—GND	电流霍尔输出信号	R/B	电源ON档	0～4.2V		
K64-27—GND	电流霍尔电源正	R/W	ON档/OK档/充电	9～16V		
K64-29—GND	电流霍尔电源负	R	ON档/OK档/充电	-16～-9V		
K64-30—GND	整车低压地	B	始终	<1V		
K64-31—GND	仪表充电指示灯信号		车载充电时			
K64-33—GND	慢充正极接触器	G	上ON档电后2s	<1V		
K64-34—GND	负极接触器	L/Y	始终	<1V		
K65-1—GND	DC 12V电源正	R/L	电源ON档/充电	11～14V		
K65-7—GND	高压互锁输入信号	W/R	ON档/OK档/充电	PWM信号		
K65-9—GND	整车CANH	P	ON档/OK档/充电	2.5～3.5V		
K65-18—GND	慢充感应信号	L	车载充电时	<1V		
K65-21—GND	整车CAN地	B	始终	<1V		
K65-22—GND	整车CANL	V	ON档/OK档/充电	1.5～2.5V		
K65-25—GND	碰撞信号	L	起动	约-15V		
K65-26—GND	车载充电指示灯信号		车载充电时			
BMC03-1—GND	采集器CANL	Y	ON档/OK档/充电	1.5～2.5V		
BMC03-2—GND	采集器CAN地	B	始终	<1V		
BMC03-3—GND	蓄电池组接触器1控制	R/L	蓄电池组继电器吸合时	<1V		
BMC03-4—GND	蓄电池组接触器2控制	R/Y	蓄电池组继电器吸合时	<1V		
BMC03-7—GND	BIC供电电源正	R	ON档/OK档/充电	9～16V		
BMC03-8—GND	采集器CANH	W	ON档/OK档/充电	2.5～3.5V		
BMC03-10—GND	蓄电池组接触器3控制	R/W	蓄电池组继电器吸合时	<1V		
BMC03-11—GND	蓄电池组接触器4控制	R/G	蓄电池组继电器吸合时	<1V		
BMC03-13—GND	GND	B	始终	<1V		
BMC03-14—GND	蓄电池组接触器1电源	L/B	ON档/OK档/充电	9～16V		
BMC03-15—GND	蓄电池组接触器2电源	Y/B	ON档/OK档/充电	9～16V		
BMC03-20—GND	蓄电池组接触器3电源	W/B	ON档/OK档/充电	9～16V		
BMC03-21—GND	蓄电池组接触器4电源	G/B	ON档/OK档/充电	9～16V		

3. 更换蓄电池管理控制器

序 号	实施步骤	是否完成
1	将电源开关置于OFF档，拆下后排座椅，断开维修开关，等待5min	是□否□
2	拆掉行李箱内饰护板	是□否□
3	拔掉蓄电池管理控制器上连接的动力蓄电池采样线和整车低压线束的插接器，拔掉整车低压线束	是□否□
4	用10号套筒拆卸蓄电池管理控制器的3个固定螺母	是□否□
5	更换蓄电池管理控制器，插上动力蓄电池采样线和整车低压线束的插接器，插上维修开关把手，确认问题是否已解决	是□否□
6	断开维修开关，用10号套筒拧紧蓄电池管理控制器的3个固定螺母	是□否□
7	插上维修开关把手，安装好行李箱内饰护板和后排座椅，结束操作	是□否□

4. 对充电系统进行检查

序号	实施步骤	是否完成
1	检查维修开关是否松动或未安装。维修开关若不正常则重新安装或更换维修开关	是□否□
2	插上交流充电连接装置，检查线缆上控制盒的 READY 灯是否常亮，CHARGE 灯是否闪烁，若不闪烁更换交流充电连接装置	是□否□
3	观察仪表充电指示灯是否点亮。用万用表测量车载充电机低压插接器电压（充电指示灯） 端子 K55-4 与车身地电压正常值小于 1V，若不在正常范围内，则重新配合充电连接装置或更换车载充电机	是□否□
4	将交流充电连接装置连接充电桩或家用电源，判断车载充电机风扇是否工作。用万用表测量车载充电机低压插接器电压（充电感应信号），即端子 K55-10 与车身地电压，正常值小于 1V，若不在正常范围内，则更换车载充电机	是□否□
5	不连接交流充电连接装置，用万用表测量车载充电机低压插接器电压（蓄电池正负）。若不在正常范围内，则更换车载充电机	是□否□
6	检查交流充电及 OFF 档充电继电器	是□否□
7	不连接交流充电连接装置，拆开高压配电箱侧边小盖，测量下方车载熔断器（30A）是否导通。如果导通则高压配电箱熔断器正常；若不导通，则更换车载充电熔断器	是□否□
8	用万用表检测高压配电箱低压插接器 K54-4 端子电压。将交流充电连接装置连接充电桩或家用电源，测量插接器对应端子低压是否为 12V 以上。若电压在 12V 以上，则高压配电箱接触器供电正常。若不在正常范围内，则检查接触器供电低压线束	是□否□
9	将交流充电连接装置连接充电桩或家用电源，测量车载充电接触器 K54-20 端子低压是否为 1V 以下。若电压在 1V 以下，则高压配电箱接触器控制脚正常。若不在正常范围内，检查接触器供电低压线束	是□否□
10	将交流充电连接装置连接充电桩或家用电源，测量负极接触器 K54-5 端子低压是否为 12V 以上。若电压在 12V 以上，高压配电箱接触器供电正常。若不在正常范围内，检查接触器供电低压线束	是□否□
11	将交流充电连接装置连接充电桩或家用电源，测量负极接触器 K54-10 端子低压是否为 1V 以下。若电压在 1V 以下，高压配电箱接触器控制脚正常。若不在正常范围内，检查接触器控制低压线束或蓄电池管理控制器	是□否□
12	拔出交流充电口插接器，分别测量充电口和插接器两端各对应端子是否导通。若导通，交流充电口总成正常。若不正常，更换交流充电口总成	是□否□
13	将交流充电口连接充电桩或家用电源，断开蓄电池管理控制器 26Pin 插接器，测量线束端电压（充电请求信号）。端子 K65-18 与车身地电压正常值应为 1V 以下。若不在正常范围内，应更换线束或检查蓄电池管理控制器	是□否□
14	将交流充电口连接充电桩或家用电源，用万用表测量车载充电机 CAN 通信端子电压。若不在正常范围内则更换 CAN 线束	是□否□
15	将交流充电口连接充电桩或家用电源，用万用表测量车载充电机输出端电压。高压正与高压负端子间的电压正常值为 228～577V。若不在正常范围内，更换车载充电机	是□否□

（续）

序 号	实 施 步 骤	是否完成
16	将蓄电池包正负极拔出，用万用表测量蓄电池包正负极端电压。高压正与高压负端子间的电压正常值为 228~577V。若不在正常范围内，则更换高压配电箱	是□否□
17	检查车载充电机、高压配电箱、蓄电池管理控制器的插接器是否松动、破损或未安装。若有问题则重新安装或更换部件	是□否□

5. 检查动力蓄电池电压

1）插上维修开关，电源开关置于 ON 档。用诊断仪读取蓄电池管理控制器发出的动力蓄电池电压。正常值约 450~550V，实测值为_____ V。若不在正常电压范围内说明动力蓄电池故障。

2）将电源开关置于 OFF 档，断开维修开关，等待 5min。打开驱动电机控制器上盖，插上维修开关，电源开关置于 ON 档，测量高压母线正和母线负之间的电压。正常值约 450~550V，实测值为_____V。

6. 读取驱动电机控制器数据

在对驱动电机进行故障诊断时，可以使用诊断仪读取驱动电机系统数据流来查看驱动电机系统参数是否正确。请将读取的驱动电机数据流写在横线上。

_____
_____
_____
_____
_____

7. 检查旋转变压器电阻

序 号	实 施 步 骤	实 测 值
1	电源开关置于 OFF 档，拔掉电机控制器低压插接器	
2	测量 B21-45 和 B21-30 电阻是否为 15~19Ω	
3	测量 B21-46 和 B21-31 电阻是否为 15~19Ω	
4	测量 B21-44 和 B21-29 电阻是否为 7~10Ω	

8. 驱动电机控制器拆卸

序 号	实 施 步 骤	是否完成
1	将电源开关置于 OFF 档	是□否□
2	拔掉维修开关，等待 5min 以上	是□否□
3	断开辅助蓄电池	是□否□
4	拆掉电机三相交流插接器的 4 个螺栓	是□否□
5	拔掉高压母线插接器	是□否□
6	拆掉附在箱体的高压配电箱上端螺栓	是□否□
7	将控制器往左移，拔掉 62Pin 低压插接器，拆掉搭铁螺栓，拔掉 DC/DC 变换器低压输出线，拔掉 4 个低压线束卡扣	是□否□
8	将控制器往右移，拆掉进水管，拆掉出水管（拆掉进水管时将流出的冷却液用容器接住）	是□否□

六、任务检查与评价

1. 请进行必要的最终检查和"6S"管理
2. 请根据实施过程进行总结并完善工作计划

总结内容和改进工作计划：
_____
_____

3. 学生填写自评表

要求每一个小组学生派代表上讲台讲述小组的学习成果和经验收获。

课堂小组经验分享记录：

4. 教师填写总评表

教师评价结果记录：

学习情景7

卡罗拉混合动力电动汽车原理与检修

- 整车主要零部件
- 整车驱动模式
- 整车工作原理

→ 认知卡罗拉混合动力电动汽车

- 维修基本操作和注意事项
- 紧急应对措施

→ 维修注意事项和紧急应对措施

- 检查与维护前准备工作
- 检查与维护发动机
- 检查与维护底盘
- 检查与维护车身和辅助系统
- 路试检查

→ 检查与维护卡罗拉混合动力电动汽车

卡罗拉混合动力电动汽车原理与检修

→ 检修发动机及其控制系统
- 发动机规格和主要特征
- 发动机的主要结构组成和特点
- 发动机故障维修基本程序
- 检修发动机典型故障案例

→ 检修动力蓄电池及其控制系统
- 动力蓄电池系统的结构
- 动力蓄电池系统控制策略
- 检查和维修动力蓄电池部件
- 更换动力蓄电池
- 检修动力蓄电池典型故障案例

→ 检修混合动力系统
- 混合动力系统组成及工作原理
- 混合动力系统控制策略
- 混合动力电动汽车高压安全措施
- 检修混合动力系统典型故障案例

学习任务1　认知卡罗拉混合动力电动汽车

一、任务描述

客户张先生欲购置一款卡罗拉双擎混合动力电动汽车，但是对于混合动力电动汽车并不熟悉，还存在很多疑问，现需要你作为4S店工作人员向张先生介绍卡罗拉双擎混合动力电动汽车。

1. 你所面对的是什么类型的车辆？
_____

2. 你在任务中的角色是什么？
_____

3. 你的工作任务是什么？
_____

二、任务分析

根据任务描述中车辆的情况明确本次工作任务，并分析完成本次工作任务所需要掌握的知识点。

三、任务资讯

1）什么是双擎？

"双擎"的混合动力技术（HEV技术）属于完全混合动力技术，它同时具有_____和_____

两个动力源,实现既可以分别单独驱动,更可同时驱动,在大幅提升动力性能的同时,极大地降低了油耗,是兼顾传统与未来于一身、将节能减排落实到实处的技术,因此被命名为"双擎"。

2)混合动力电动汽车主要部件组成,请完成填空。

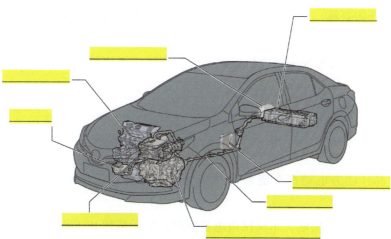

3)卡罗拉双擎油电混合动力电动汽车采用 8ZR-FXE 发动机,它是一台直列_____缸、1.8L、_____气门 DOHC 发动机,该发动机采用高膨胀比的_____、_____(VVT-i)系统、_____(DIS)和_____(ETCS-i)。

4)请简述什么是阿特金森循环?它与传统发动机的工作循环相比,最大的特点是什么?
_____
_____
_____

5)请对相关联的名词解释进行连线。

	有两个顶置凸轮放在气缸体上,分别带动进气门和排气门
	ECM 控制达到最佳气门正时
	通过各个传感器的信号来感知实际气门正时,然后再执行反馈控制
双顶置凸轮轴(DOHC)	
智能可变气门正时(VVT-i)系统	将点火线圈缩小,直接安装在各火花塞上
直接点火系统(DIS)	ECU 根据踏板信号控制进气流量
智能电子节气门控制系统(ETCS-i)	多气门发动机燃烧更充分,能让更多新鲜空气进入发动机,排放效率更好
	用 ECU 和晶体管点火器,直接控制各个火花塞上的初级电流的通断
	通过传感器将驾驶人的意图传递给 ECU

6）卡罗拉油电混合动力电动汽车采用 P410 混合驱动桥，其总成包括_____和_____，其中_____主要用于发电，_____主要用于驱动车辆。

7）卡罗拉混合动力电动汽车共有两个蓄电池，分别有不同用途，一个是存储电能以驱动车辆的_____（标称电压为直流_____V），另一个是为低压电气系统供电的_____（标称电压为直流_____V）。

8）卡罗拉混合动力电动汽车采用将电机控制器、逆变器、增压转换器和 DC/DC 变换器集成于一体的_____。

9）逆变器总成的主要功能为：_____
_____
_____。

10）卡罗拉油电混合动力电动汽车能够采用多模式进行驱动，包括_____、_____、_____三种。

11）整车由动力蓄电池进行供电，车辆仅由电机驱动，发动机停止工作，此时整车是_____驱动模式。

12）当整车在行驶途中需要频繁加速与制动时，通过发动机与电机相互配合工作，此时整车需要调整为_____驱动模式。

13）_____驱动模式适用于山地行驶或超车等追求高水准的速度和动力的情况，此时由发动机和电机驱动。

14）观察图片序号位置，填写序号相对应的部件名称。

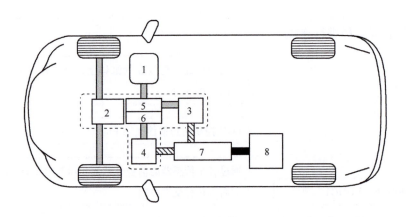

序　号	部件名称	序　号	部件名称	序　号	部件名称
1		4		7	
2		5	动力分配行星齿轮机构	8	
3		6		■	电力路径（DC）
▨	电力路径（AC）	■	机械动力路径		

15）根据车辆不同的行驶状态，请在图上画出相应动力传输路径的箭头指示，并将进行动力传输的部件涂黑。

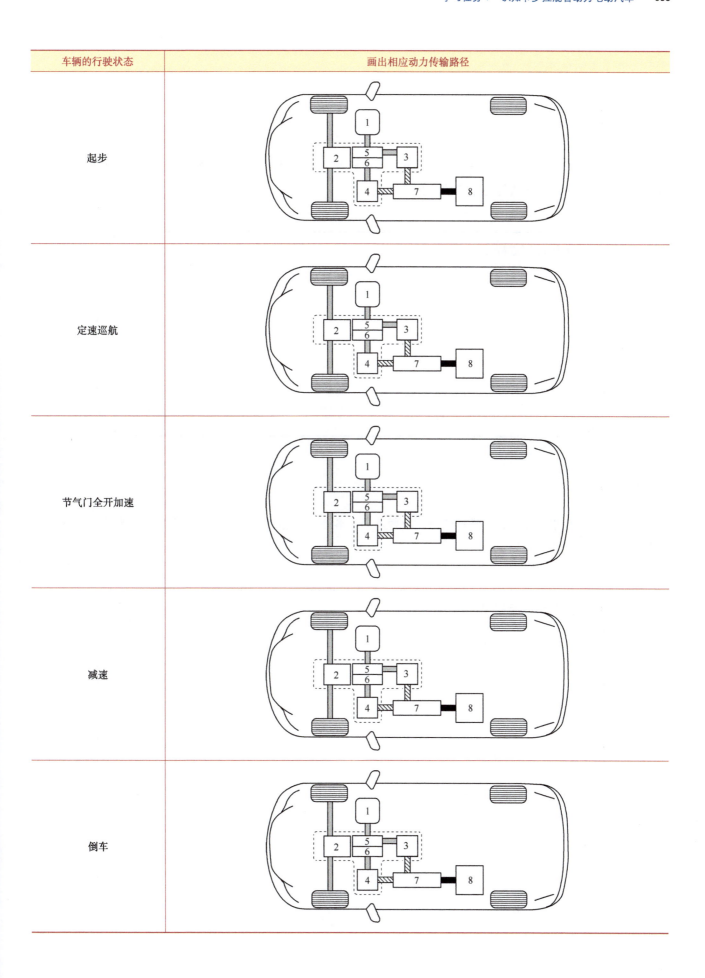

四、计划决策

> 温馨提示
>
> 请各小组学习、思考和讨论解决问题的具体工作计划,考虑时间、工具、物料并将流程图画在下面空白处,接下来各组派出代表陈述本组的工作方案。

工作计划流程图

> 温馨提示
>
> 各小组对其他组的工作计划进行评价,教师总评。各小组根据教师和各组的评价进行方案优化,并将优化方案写在下面方框内。

优化后的流程图

工具准备:

序 号	工具名称	工具数量

（续）

序　号	工具名称	工具数量
工具使用规范	请填写工具使用规范	

五、任务实施

每个学习小组派代表分别扮演客户和4S店工作人员角色，工作人员向客户介绍卡罗拉双擎混合动力电动汽车。

六、任务检查与评价

1. 请进行必要的最终检查和"6S"管理
2. 请根据实施过程进行总结并完善工作计划

总结内容和改进工作计划：

_____

_____

3. 学生填写自评表

要求每一个小组学生派代表上讲台讲述小组的学习成果和经验收获。

课堂小组经验分享记录：

4. 教师填写总评表

教师评价结果记录：

学习任务 2　维修注意事项和紧急应对措施

一、任务描述

客户张先生的卡罗拉双擎混合动力电动汽车在上班的途中与其他车辆出现了轻微碰撞,目前车辆故障警告灯已点亮,车辆不能正常行驶。现需要你作为维修技师到现场切断混合动力电动汽车高压电路,并针对该情况采取紧急应对措施。

1. 你所面对的是什么类型的车辆?

_____

2. 你在任务中的角色是什么?

_____

3. 你的工作任务是什么?

_____

二、任务分析

1. 请检查并记录车辆使用情况

检查项目	状态记录
周期维护灯点亮	是□ 否□
行驶里程	_____ km
上次维护时间	
检查车辆外观状态	

2. 根据任务描述中车辆的情况明确本次工作任务,并分析完成本次工作任务所需要掌握的知识点

三、任务资讯

1）基本维修操作的步骤是 _____、_____、_____、_____、_____、_____、_____。

2）维修丰田混合动力电动汽车需要注意的是：本车混合动力系统使用 _____，配备了在最高 _____ V 电压下工作的混合动力系统，且 _____ 是含氢氧化钾的强碱溶液。所以务必按照说明正确操作该系统，否则，可能会导致严重伤害或电击。

3）请简述检查和维修高压电路的注意事项。

_____
_____
_____
_____
_____
_____
_____
_____
_____
_____

4）切断高压电路流程，对以下步骤进行排序，并将正确顺序序号填写在横线处。
① 测量逆变器端子电压。
② 断开辅助蓄电池负极端子。
③ 拆卸维修开关把手，并将其保存在自己口袋中。
④ 将变速杆切换至 P 位，使用驻车制动，将电源开关置于 OFF 位置。
⑤ 等待 10min 或更长时间以便让高压电容放电。
⑥ 检查和佩戴绝缘手套。
⑦ 检查整车有无输出 DTC。
填写正确的切断高压电路步骤 _____

5）辅助蓄电池的电量不足时可采取 _____、_____ 两种急救办法。

6）对碰撞受损车辆在事故现场时的处理措施 _____
_____。

四、计划决策

> 🚗 **温馨提示**
>
> 请各小组学习、思考和讨论解决问题的具体工作计划，考虑时间、工具、物料并将流程图画在下面空白处，接下来各组派出代表陈述本组的工作方案。

工作计划流程图

> **温馨提示**
> 各小组对其他组的工作计划进行评价,教师总评。各小组根据教师和各组的评价进行方案优化,并将优化方案写在下面方框内。

优化后的流程图

工具准备:

序　号	工具名称	工具数量
工具使用规范	请填写工具使用规范	

五、任务实施

1. 对工具、设备进行检查

请按规范依次检查工具、设备,并将检查方法与检查结果填写在下表中。

检查工具、设备名称	检查方法	是否正常
防护用具		是□否□
拆装工具		是□否□
检测工具 名称_____		是□否□

2. 操作过程

序号		实施步骤	是否完成
一		着装	是□否□
二		切断高压电路流程	
	1	将变速杆切换至 P 位,使用驻车制动,将电源开关置于 OFF 位置,并将钥匙自行收好,移开智能系统探测范围	是□否□
	2	断开辅助蓄电池负极端子	是□否□
	3	检查和佩戴绝缘手套	是□否□
	4	检查 DTC	是□否□
	5	拆卸维修开关盖板	是□否□
	6	拆卸维修开关把手,并将其保存在自己口袋中	是□否□
	7	拆除维修开关后,等待 10min 或更长时间以便让高压电容放电	是□否□
	8	测量逆变器端子电压,电压值为_____	是□否□
	9	用绝缘乙烯胶带包裹被断开的高压线路插接器	是□否□
三		紧急应对措施——跨接起动	
	1	接合驻车制动	是□否□
	2	将电源开关置于 OFF 位置并将钥匙带出车内检测区域	是□否□
	3	拆下发动机舱 1 号继电器盒和 1 号接线盒总成盖	是□否□
	4	使用起动辅助电缆,将救援车辆的 12V 辅助蓄电池连接至熄火车辆的辅助蓄电池	是□否□
	5	起动救援车辆的发动机,使发动机在略高于急速转速下运行	是□否□
	6	将电源开关置于 ON 位置	是□否□
四		6S 管理: 建立安全操作环境	是□否□
		清理及整理工具、量具	是□否□
		清理及复原车辆正常状况	是□否□
		清洗场地	
		物品回收和环保	是□否□
		完善和检查工单	是□否□

六、任务检查与评价

1. 请进行必要的最终检查和"6S"管理
2. 请根据实施过程进行总结并完善工作计划

总结内容和改进工作计划：
_____
_____

3. 学生填写自评表

要求每一个小组学生派代表上讲台讲述小组的学习成果和经验收获。

课堂小组经验分享记录：

4. 教师填写总评表

教师评价结果记录：

学习任务 3　检查与维护卡罗拉混合动力电动汽车

一、任务描述

客户张先生的卡罗拉双擎混合动力电动汽车截至目前已经行驶了 10 000km，现需要你作为维修人员，对张先生的车进行 10 000km 的定期维护作业。

1. 你所面对的是什么类型的车辆？

_____

2. 你在任务中的角色是什么？

_____

3. 你的工作任务是什么？

_____

二、任务分析

1. 请检查并记录车辆使用情况

检查项目	状态记录
周期维护灯点亮	是□否□
行驶里程	_____km
上次维护时间	
检查车辆外观状态	

2. 根据任务描述中车辆的情况明确本次工作任务，并分析完成本次工作任务所需要掌握的知识点

三、任务资讯

1）需要重新添加发动机机油的情况。

序　号	工　作　情　况
1	使用新发动机时，如购买新车或更换发动机后立即使用
2	
3	
4	发动机长时间怠速运转时，或频繁驶过交通拥堵路段时

2）整车冷却系统分为两部分，分为_____冷却系统和_____冷却系统。发动机冷却系统采用了电动水泵，取消了带传动，混合动力冷却系统用来冷却_____、MG1 和 MG2，有专用的散热器，独立于发动机冷却系统。

3）冷却液的储液罐在整车中有两个，分别为_____冷却液储液罐和_____冷却液储液罐。

4）请列举你能想到的发动机检查与维护的项目。

发动机检查与维护的项目：

5）请列举你能想到的底盘检查与维护的项目。

底盘检查与维护的项目：

6）请列举你能想到的车身和辅助系统检查与维护的项目。

> 车身和辅助系统检查与维护的项目：

四、计划决策

> **温馨提示**
>
> 请各小组学习、思考和讨论解决问题的具体工作计划，考虑时间、工具、物料并将流程图画在下面空白处，接下来各组派出代表陈述本组的工作方案。

> 工作计划流程图

> **温馨提示**
>
> 各小组对其他组的工作计划进行评价，教师总评。各小组根据教师和各组的评价进行方案优化，并将优化方案写在下面方框内。

优化后的流程图

工具准备：

序　号	工　具　名　称	工　具　数　量
工具使用规范	请填写工具使用规范	

五、任务实施

1. 对工具、设备进行检查

请按规范依次检查工具、设备，并将检查方法与检查结果填写在下表中。

检查工具、设备名称	检查方法	是否正常
防护用具		是□否□
拆装工具		是□否□
检测工具 名称_____		是□否□

2. 卡罗拉混合动力电动汽车的定期维护

序号	实 施 步 骤	是否完成
一	检查与维护前的准备工作	是□否□
二	检查与维护发动机	
1	检查发动机机油	是□否□
2	更换发动机机油和机油滤清器	是□否□
3	检查冷却系统	是□否□
4	更换发动机冷却液	是□否□
5	更换电驱动系统冷却液	是□否□
6	检查喷洗液	是□否□
7	检查火花塞	是□否□
8	检查辅助蓄电池	是□否□
9	检查空气滤清器滤芯	是□否□
10	检查燃油管路	是□否□
三	检查和维护底盘	
1	检查混合驱动桥油油位	是□否□
2	检查轮胎和进行轮胎换位	是□否□
3	检查制动系统	是□否□
4	检查转向系统	是□否□
四	检查和维护车身与辅助系统	是□否□
五	路试检查	是□否□
六	6S 管理： 建立安全操作环境 清理及整理工具、量具 清理及复原车辆正常状况 清洗场地 物品回收和环保 完善和检查工单	是□否□ 是□否□ 是□否□ 是□否□ 是□否□ 是□否□

六、任务检查与评价

1. 请进行必要的最终检查和"6S"管理
2. 请根据实施过程进行总结并完善工作计划

总结内容和改进工作计划：

3. 学生填写自评表

要求每一个小组学生派代表上讲台讲述小组的学习成果和经验收获。

课堂小组经验分享记录：

4. 教师填写总评表

教师评价结果记录：

学习任务 4　检修发动机及其控制系统

一、任务描述

客户张先生的卡罗拉双擎混合动力电动汽车出现了发动机无法起动故障，仪表盘上故障提示灯一直点亮，使用故障诊断仪读取故障码为 P3191（发动机不起动故障），现作为一名维修技师请你排除此故障。

1. 你所面对的是什么类型的车辆？
_____

2. 你在任务中的角色是什么？
_____

3. 你的工作任务是什么？
_____

二、任务分析

1. 请检查并记录车辆使用情况

检查项目	状态记录
周期维护灯点亮	是□ 否□
行驶里程	_____ km
上次维护时间	
检查车辆外观状态	

2. 根据任务描述中车辆的情况明确本次工作任务，并分析完成本次工作任务所需要掌握的知识点

三、任务资讯

1）发动机燃油系统组成，请看图填空。

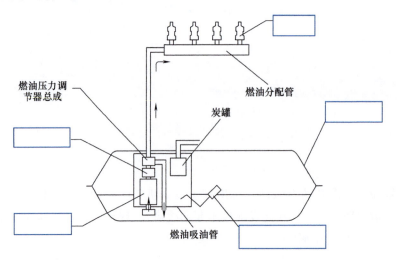

2）发动机润滑系统组成，请看图填空。

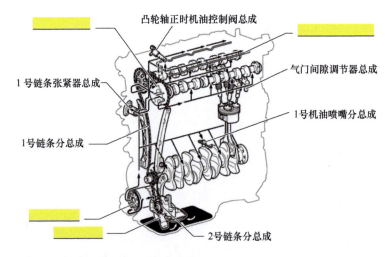

3）发动机冷却系统组成，请看图填空。

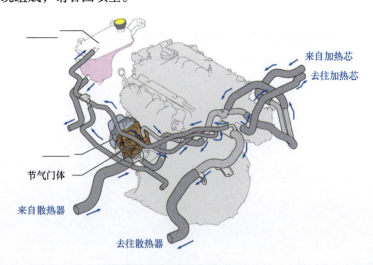

4）发动机控制系统主要包括＿＿＿＿＿＿（SFI）、＿＿＿＿＿＿（ESA）、＿＿＿＿＿＿（ETCS-i）、＿＿＿＿＿＿（VVT-i）、冷却风扇控制、水泵控制、燃油泵控制、空燃比传感器和氧传感器加热器控制、燃油蒸气排放控制、失效保护和诊断。

5）发动机故障维修基本程序，请补充空白图框的内容。

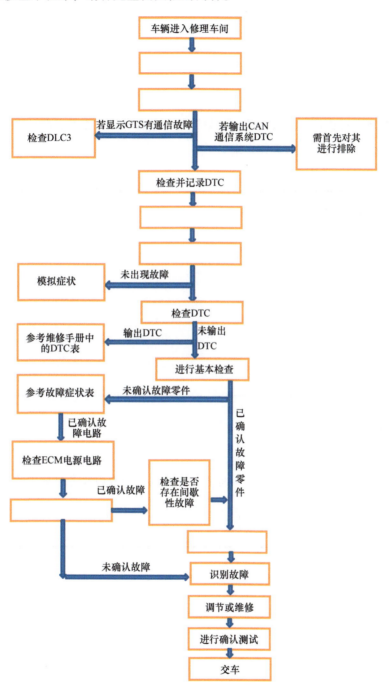

6）简述 DLC3 的检查方法。

_____

_____

7）症状模拟的方法有＿＿＿＿＿＿、＿＿＿＿＿＿、喷水法、高电气负载法。

8）简述发动机基本检查方法。

___

___

___

四、计划决策

> **温馨提示**
>
> 请各小组学习、思考和讨论解决问题的具体工作计划，考虑时间、工具、物料并将流程图画在下面空白处，接下来各组派出代表陈述本组的工作方案。

工作计划流程图

> **温馨提示**
>
> 各小组对其他组的工作计划进行评价，教师总评。各小组根据教师和各组的评价进行方案优化，并将优化方案写在下面方框内。

优化后的流程图

工具准备：

序　号	工具名称	工具数量
工具使用规范	请填写工具使用规范	

五、任务实施

1. 对工具、设备进行检查

请按规范依次检查工具、设备，并将检查方法与检查结果填写在下表中。

检查工具、设备名称	检查方法	是否正常
防护用具		是□否□
拆装工具		是□否□
检测工具 名称_____		是□否□

2. 操作过程

序号	实施步骤	是否完成
一	检修发动机不起动故障	
	记录故障现象：_____ _____	
1	检查燃油是否短缺	是□否□
2	清除 DTC	是□否□
3	检查进气系统是否存在真空泄漏	是□否□
4	检查发动机起动或高速空转时是否有噪声或振动	是□否□
5	使用燃油压力表测量燃油压力_____，标准燃油压力为 304~343kPa	是□否□
6	检查节气门体，使用万用表测量端子1和端子2之间的电阻_____，正常值应为 0.3~100Ω	是□否□
7	检查进气质量空气流量计分总成，目视检查进气质量空气流量计分总成的白金热丝（加热器）和温度传感器（热敏电阻）上是否有异物	是□否□
8	检查进气质量空气流量计分总成，使用万用表测量端子1和端子2的电阻值_____，在 -20℃时阻值应为 13.6~18.4kΩ，20℃时阻值应为 2.21~2.69kΩ，60℃时阻值应为 0.49~0.67kΩ	是□否□

(续)

序号	实 施 步 骤	是否完成
9	检查发动机冷却液温度传感器，拆卸冷却液温度传感器，将传感器分别置于20℃和80℃的水中，使用万用表测量端子1和端子2之间的电阻_____，如果阻值分别为2.32~2.59kΩ和0.310~0.326kΩ，则表示冷却液温度传感器工作正常	是□否□
10	检查曲轴位置传感器，使用万用表测量端子1和端子2之间的电阻_____，冷态时阻值应为1.63~2.74Ω，热态时应为2.065~3.225Ω	是□否□
11	更换凸轮轴位置传感器	是□否□
12	检查是否再次输出DTC 还存在其他故障码_____	是□否□
13	确认故障是否已成功排除 还存在其他故障_____	是□否□
二	检修与混合动力电动汽车控制系统失去通信故障	
	记录故障现象：_____	
1	断开辅助蓄电池负极端子电缆	是□否□
2	检查CAN总线 使用万用表测量总线2主线E43-18（CA4H）和E43-17（CA4L）之间的电阻_____，正常值为54~69Ω	是□否□
3	检查CAN总线 检查总线2是否对搭铁短路（CA4H、CA4L—GND），分别测量E43-18（CA4H）与E43-10（GND）之间和E43-17（CA4L）与E43-10（GND）之间的电阻，测量值为_____。如果阻值>200Ω或更大，此时表示正常，否则总线2对搭铁短路	是□否□
4	检查CAN总线 检查总线2是否对辅助蓄电池正极短路（CA4H、CA4L—BATT），分别测量E43-18（CA4H）与BATT之间和E43-17（CA4L）与BATT之间的电阻，测量值为_____。如果阻值>6kΩ或更大，此时表示正常，否则总线2对辅助蓄电池正极短路	是□否□
5	检查CAN总线 测量总线3主线是否存在断路，测量阻值_____	是□否□
6	检查CAN总线 测量总线3主线是否对搭铁短路，测量阻值_____	是□否□
7	检查CAN总线 测量总线3主线是否对辅助蓄电池正极短路，测量阻值_____	是□否□
8	检查CAN总线 测量总线1主线是否存在断路，测量阻值_____	是□否□
9	检查CAN总线 测量总线1主线是否对搭铁短路，测量阻值_____	是□否□
10	检查CAN总线 测量总线1主线是否对辅助蓄电池正极短路，测量阻值_____	是□否□
11	检查是否再次输出DTC 还存在其他故障码_____	是□否□
12	确认故障是否已成功排除 还存在其他故障_____	是□否□
三	6S管理： 建立安全操作环境 清理及整理工具、量具 清理及复原车辆正常状况 清洗场地 物品回收和环保 完善和检查工单	是□否□ 是□否□ 是□否□ 是□否□ 是□否□ 是□否□

六、任务检查与评价

1. 请进行必要的最终检查和"6S"管理
2. 请根据实施过程进行总结并完善工作计划

总结内容和改进工作计划：

_____

_____

3. 学生填写自评表

要求每一个小组学生派代表上讲台讲述小组的学习成果和经验收获。

课堂小组经验分享记录：

4. 教师填写总评表

教师评价结果记录：

学习任务 5　检修动力蓄电池及其控制系统

一、任务描述

客户张先生的卡罗拉双擎混合动力电动汽车出现了与动力蓄电池传感器模块失去通信故障，客户反映整车输出功率减小，仪表盘上主警告灯点亮，故障指示灯点亮，使用故障诊断仪读取故障码为 U029A87，现作为一名维修技师请你排除此故障。

1. 你所面对的是什么类型的车辆？

_____

2. 你在任务中的角色是什么？

_____

3. 你的工作任务是什么？

_____

二、任务分析

1. 请检查并记录车辆使用情况

检查项目	状态记录
周期维护灯点亮	是□ 否□
行驶里程	_____ km
上次维护时间	
检查车辆外观状态	

2. 根据任务描述中车辆的情况明确本次工作任务，并分析完成本次工作任务所需要掌握的知识点

三、任务资讯

1）动力蓄电池系统主要由动力蓄电池（蓄电池组）、_____、蓄电池鼓风机总成、_____、_____、蓄电池温度传感器、蓄电池进气温度传感器等部件组成。

2）请看图填写动力蓄电池系统组成部件名称。

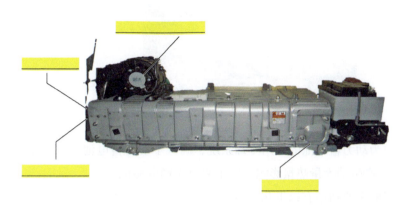

3）动力蓄电池是由_____个单独的蓄电池组组成，其通过_____个母线模块串联在一起。每个蓄电池组均由_____个单体蓄电池组成，动力蓄电池总共有_____个单体蓄电池，每个单体蓄电池标称电压为1.2V，所以动力蓄电池的标称电压为_____V。动力蓄电池的容量为6.5A·h。

4）接线盒总成包括_____、_____和_____。SMR主要功用是_____。SMR内共配备有3个继电器，分别为_____、_____、_____，其中_____用于控制蓄电池正极（+）侧，_____用于控制蓄电池负极（-）侧，_____用于控制预充电。

5）请看图填写接线盒总成部件名称。

6）_____是连接在动力蓄电池高压电路中的部件，在执行任何检查或维修前，可用于手动切断高压电路。维修开关把手上安装有_____，当拆卸维修开关把手时，_____未接合，动力蓄电池电路断开。

7）请看图填写维修开关互锁开关组成部件名称。

8）_____作为动力蓄电池的专用冷却系统，确保了动力蓄电池的正常工作，从而使其在反复充电和放电循环过程中不受产生的大量热量影响。它主要由无刷电动机、_____、进气管组成。

9）蓄电池控制单元的主要功用有以下几方面：
_____
_____
_____

10）请看图填写动力蓄电池内部电路示意图。

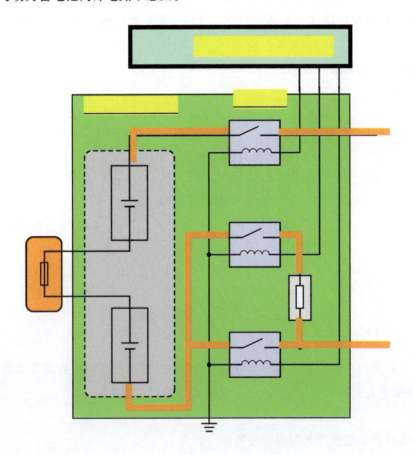

11）动力蓄电池系统内部含有3个_____和1个_____，车辆ECU总成根据_____接收的温度信息对冷却系统进行优化控制，从而使动力蓄电池温度处于规定范围内。

12）动力蓄电池系统控制策略包括_____、_____、_____、_____、_____。

四、计划决策

> **温馨提示**
> 请各小组学习、思考和讨论解决问题的具体工作计划，考虑时间、工具、物料并将流程图画在下面空白处，接下来各组派出代表陈述本组的工作方案。

工作计划流程图

> **温馨提示**
> 各小组对其他组的工作计划进行评价，教师总评。各小组根据教师和各组的评价进行方案优化，并将优化方案写在下面方框内。

优化后的流程图

工具准备：

序　号	工具名称	工具数量
工具使用规范	请填写工具使用规范	

五、任务实施

1. 对工具、设备进行检查

请按规范依次检查工具、设备，并将检查方法与检查结果填写在下表中。

检查工具、设备名称	检查方法	是否正常
防护用具		是□否□
拆装工具		是□否□
检测工具 名称_____		是□否□

2. 检查和维修动力蓄电池部件操作过程

序号	实施步骤	是否完成
一	检查和维修蓄电池接线盒总成	
1	检查 SMRB 使用万用表测量端子1和端子2电阻值_____ 万用表测量 SMRB 和 GND 电阻值_____ 是否正常_____	是□否□
2	检查 SMRG 使用万用表测量端子1和端子2电阻值_____ 万用表测量 SMRG 和 GND 电阻值_____ 是否正常_____	是□否□
3	检查 SMRP 使用万用表测量端子1和端子2电阻值_____ 万用表测量 SMRP 和 GND 电阻值_____ 是否正常_____	是□否□

（续）

序号	实施步骤	是否完成
二	检查维修开关把手	
	检查维修开关把手需使用万用表测量两端子之间的电阻，正常为小于1Ω。如果不符合规定，则更换维修开关把手 电阻值为_____ 是否正常_____	是□否□
三	检查蓄电池端子盒	
	检查蓄电池端子盒需使用万用表测量两端子之间的电阻，正常为小于1Ω。如果不符合规定，则更换 电阻值为_____ 是否正常_____	是□否□
四	检查蓄电池鼓风机滤网	
	目视检查滤网有无阻塞或损坏，用压缩空气清洁滤网	是□否□
五	6S管理： 建立安全操作环境	是□否□
	清理及整理工具、量具	是□否□
	清理及复原车辆正常状况	是□否□
	清洗场地	是□否□
	物品回收和环保	是□否□
	完善和检查工单	是□否□

3. 更换动力蓄电池

序号	实施步骤	是否完成
一	拆卸动力蓄电池	
1	拆卸维修开关盖板螺母，断开2个蓄电池控制单元插接器并分离4个卡夹	是□否□
2	动力蓄电池有电池外壳锁止器，此装置只能用维修开关解锁，使用维修开关把手拆下电池外壳锁止器	是□否□
3	拆卸蓄电池控制单元	是□否□
4	拆卸蓄电池端子盒	是□否□
5	拆卸蓄电池右侧盖分总成	是□否□
6	拆卸蓄电池接线盒总成	是□否□
7	拆卸车内电子钥匙天线总成	是□否□
8	拆卸蓄电池进气管	是□否□
9	拆卸蓄电池鼓风机总成	是□否□
10	拆卸蓄电池的互锁插接器、卡夹和螺栓	是□否□
二	安装动力蓄电池	是□否□
三	6S管理： 建立安全操作环境	是□否□
	清理及整理工具、量具	是□否□
	清理及复原车辆正常状况	是□否□
	清洗场地	是□否□
	物品回收和环保	是□否□
	完善和检查工单	是□否□

4. 检修动力蓄电池典型故障

序号	实 施 步 骤	是否完成
一	检修与动力蓄电池传感器模块失去通信故障	
	记录故障现象：_____ _____	
1	检查 DTC 输出	是□否□
2	检查蓄电池控制单元 IGCT 佩戴绝缘手套，检查并确认维修开关把手未安装，拆卸后排座椅靠背总成，连接辅助蓄电池负极端子电缆，将电源开关置于 ON（IG）位置，测量蓄电池控制单元两端子的电压值，测量值_____，正常为 11～14V。测量后，将电源开关置于 OFF 位置，断开辅助蓄电池负极端子	是□否□
3	检查线束和插接器 断开车辆 ECU 插接器 E22 与蓄电池控制单元插接器 L48 万用表测量 E22-41 和 L48-2 电阻值_____ 是否正常_____ 万用表测量 E22-42 和 L48-3 电阻值_____ 是否正常_____ 万用表测量 L48-2 和其他端子、车身搭铁电阻值_____ 是否正常_____ 万用表测量 L48-3 和其他端子、车身搭铁电阻值_____ 是否正常_____ 连接辅助蓄电池负极端子，将电源开关置于 ON（IG）位置 万用表测量 E22-41 和车身搭铁电压值_____ 是否正常_____ 万用表测量 E22-42 和车身搭铁电压值_____ 是否正常_____	是□否□
4	检查车辆 ECU 连接辅助蓄电池负极端子，将电源开关置于 ON（IG）位置 万用表测量 L48-2 和 L48-5 电压值_____ 是否正常_____ 万用表测量 L48-3 和 L48-5 电压值_____ 是否正常_____ 将电源开关置于 OFF 位置，断开辅助蓄电池负极端子 万用表测量 L48-2 和 L48-3 电阻值_____ 是否正常_____	是□否□
5	若以上检查均正常，则更换蓄电池控制单元	是□否□
6	故障排除	是□否□
二	检修高压系统互锁电路断路故障	
	记录故障现象：_____ _____	
1	检查 DTC 输出	是□否□
2	清除 DTC	是□否□
3	再次检查 DTC 输出	是□否□

（续）

序号	实 施 步 骤	是否完成
4	将电源开关置于 OFF 位置	是□否□
5	检查维修开关把手是否安装正确，检查维修开关把手处有无污垢或异物	是□否□
6	拆卸维修开关把手，检查并确认维修开关把手安装座上互锁插接器连接正确	是□否□
7	检查车辆 ECU 插接器的连接情况	是□否□
8	检查车辆 ECU，连接辅助蓄电池负极端子电缆，将电源开关置于 ON（IG）位置。使用万用表测量互锁插接器的端子 1 与车身搭铁的电压值，规定值为 11～14V 电压值_____ 是否正常_____	是□否□
9	检查线束和插接器（维修开关把手—车身搭铁） 使用万用表测量维修开关把手的端子与车身搭铁之间的电阻值，规定值应小于 1Ω 电阻值_____ 是否正常_____	是□否□
10	检查各插接器的连接情况，目视有无污垢或异物进入插接器。如有异常，需维修或更换插接器	是□否□
11	电源开关置于 OFF 位置，断开车辆 ECU 插接器 E22，断开维修开关把手（互锁开关）插接器 Y1，使用万用表测量 E22 的端子与 Y1-1 之间的电阻值应小于 1Ω 电阻值_____ 是否正常_____	是□否□
12	更换车辆 ECU	是□否□
13	故障排除，恢复车辆	是□否□
三	6S 管理： 建立安全操作环境 清理及整理工具、量具 清理及复原车辆正常状况 清洗场地 物品回收和环保 完善和检查工单	是□否□ 是□否□ 是□否□ 是□否□ 是□否□ 是□否□

六、任务检查与评价

1. 请进行必要的最终检查和"6S"管理
2. 请根据实施过程进行总结并完善工作计划

总结内容和改进工作计划：

_____

3. 学生填写自评表

要求每一个小组学生派代表上讲台讲述小组的学习成果和经验收获。

课堂小组经验分享记录：

4. 教师填写总评表

教师评价结果记录：

学习任务6　检修混合动力系统

一、任务描述

客户张先生的卡罗拉双擎混合动力电动汽车出现了混合动力冷却系统故障，客户反映整车可正常行驶，仪表盘上主警告灯点亮，故障指示灯点亮，使用故障诊断仪读取故障码为P0A9300，现作为一名维修技师请你排除此故障。

1. 你所面对的是什么类型的车辆？

_____

2. 你在任务中的角色是什么？

_____

3. 你的工作任务是什么？

_____

二、任务分析

1. 请检查并记录车辆使用情况

检 查 项 目	状 态 记 录
周期维护灯点亮	是□ 否□
行驶里程	_____ km
上次维护时间	
检查车辆外观状态	

2. 根据任务描述中车辆的情况明确本次工作任务，并分析完成本次工作任务所需要掌握的知识点

三、任务资讯

1）卡罗拉混合动力电动汽车动力系统内有两个电机：MG1 和 MG2，置于混合驱动桥总成内，由_____、_____、_____、永久磁铁和解析器组成。

2）简述 MG1 的功用。
_____
_____
_____

3）简述 MG2 的功用。
_____
_____

4）请看图填空。

永久磁铁
解析器
转子
导轮
导轮

5）当电机作为电动机，三相交流电流经定子线圈的三相绕组时，电动机内产生_____。

6）当电机作为发电机时，_____旋转产生磁场，会在定子线圈内产生_____。

7）_____是可靠性极高且结构紧凑的传感器，可以精确地检测磁极的位置。

8）在 MG1 和 MG2 内部安装有_____，其用于检测 MG1 和 MG2 定子的温度，车辆 ECU 总成根据温度传感器的信号对 MG1 和 MG2 进行优化控制。

9）逆变器总成主要由_____、_____、_____、_____、高压线束和各传感器组成。

10）逆变器是将高压直流电（动力蓄电池）转换为_____来驱动电机 MG1 和 MG2，反之亦可。

11）DC/DC 变换器是将动力蓄电池的最高电压从 DC_____降至 DC_____，为车身电气设备和辅助蓄电池供电。

12）逆变器总成的高压线束分别与_____、MG1、MG2 和_____进行连接。

13）请看图填写逆变器总成的高压线束部件名称。

14）逆变器总成内安装有_____，用于控制逆变器和增压转换器以驱动发电机（MG1）和电动机（MG2）或使其发电。

15）在电机控制器板上安装有_____，该传感器用于检测大气压力并将信号传输至电机控制器，以便根据环境进行相应的修正。

16）逆变器总成内有 5 个不同的_____，其中有 2 个位于 MG1 和 MG2 的 IPM 处，2 个位于增压转换器处，剩下的 1 个传感器位于_____通道。

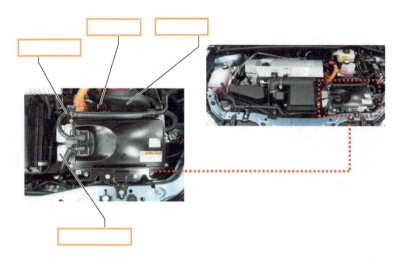

17) _____ 传感器位于逆变器总成内，用于检测 MG1 和 MG2 的三相交流的电流大小，并通过电机控制器将此信号传输至车辆 ECU。

18) 请简述系统主继电器控制。

_____

_____

_____

19) 请看图填空：当混合动力系统切换至 READY 状态时，车辆 ECU 依次接通_____，并通过预充电阻器施加电流，随后接通_____并绕过预充电阻器施加电流，然后断开_____。

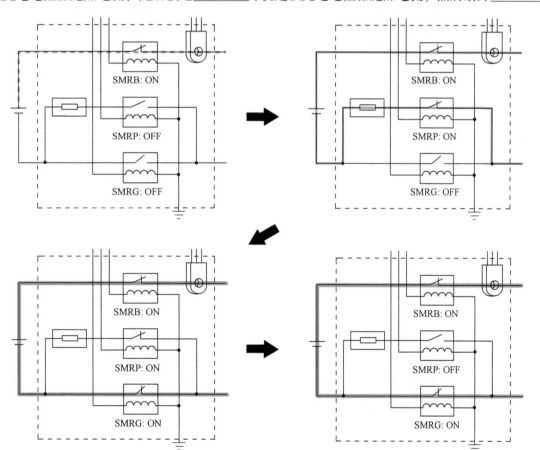

20）当混合动力系统切换至 READY 状态以外的状态时，车辆 ECU 首先断开 SMRG，接下来，当确定 SMRG 是否正常工作后，断开 SMRB。然后再确定 SMRB 是否正常工作后，接通 SMRP，然后断开。这样，车辆 ECU 总成便可确认相关继电器已正确断开。请根据以上文字，在下面的图中画出路线。

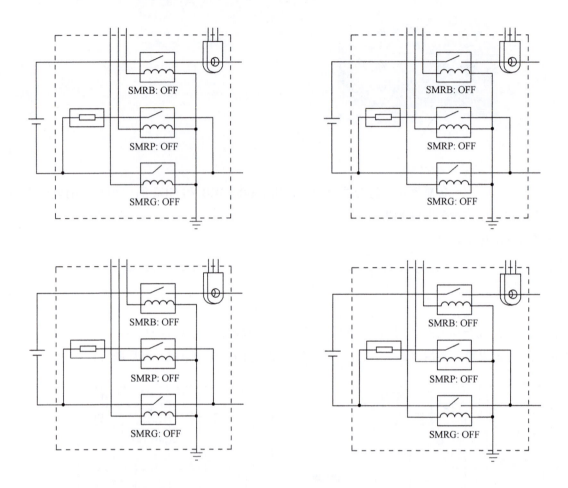

21）高压安全包括两方面：高压电路绝缘和_____。

22）当整车出现以下任意情况时，车辆 ECU 总成会自动切断系统主继电器（SMR）：

_____
_____
_____
_____

四、计划决策

> **温馨提示**
>
> 请各小组学习、思考和讨论解决问题的具体工作计划，考虑时间、工具、物料并将流程图画在下面空白处，接下来各组派出代表陈述本组的工作方案。

工作计划流程图

> 🚗 **温馨提示**
> 各小组对其他组的工作计划进行评价，教师总评。各小组根据教师和各组的评价进行方案优化，并将优化方案写在下面方框内。

优化后的流程图

工具准备：

序　号	工具名称	工具数量
工具使用规范	请填写工具使用规范	

五、任务实施

1. 对工具、设备进行检查

请按规范依次检查工具、设备，并将检查方法与检查结果填写在下表中。

检查工具、设备名称	检查方法	是否正常
防护用具		是☐ 否☐
拆装工具		是☐ 否☐
检测工具 名称_____		是☐ 否☐

2. 操作过程

序号	实施步骤	是否完成
一	检修混合动力冷却系统故障	
	记录故障现象：_____ _____	
1	检查 DTC 输出	是☐ 否☐
2	检查并确认维修开关把手未安装，检查逆变器总成低压插接器的连接情况和各端子的接触压力。检查端子是否变形、插接器是否进水或存在异物。若未连接牢固，应重新连接；若已变形，应更换	是☐ 否☐
3	检查冷却系统 确保散热器格栅的前侧未被物体堵塞	是☐ 否☐
4	检查冷却液液位	是☐ 否☐
5	检查冷却液有无泄漏	是☐ 否☐
6	检查冷却液软管有无扭曲或阻塞	是☐ 否☐
7	使用 GTS 主动测试，控制电动冷却风扇，若不工作，需检查冷却风扇系统	是☐ 否☐
8	使用 GTS 主动测试，激活逆变器水泵，若异常需更换逆变器水泵总成	是☐ 否☐
9	使用 GTS 读取值。将电源开关置于 ON（READY）位置并在发动机停止后等待 1min，读取数据表。如显示温度值高于其他数据表项目显示的温度 20℃ 或更高，则更换逆变器总成	是☐ 否☐
10	检查冷却液有无冻结。使用 GTS 读取定格数据项目环境温度，检查定格数据项目环境温度是否低于冷却液的冻结温度。若低于应更换冷却液	是☐ 否☐
11	更换冷却液	是☐ 否☐
12	重新检查 DTC 输出，确认故障是否排除	是☐ 否☐
二	检修驱动电机控制模块内部电子故障	
	记录故障现象：_____	
1	拆卸维修开关把手	是☐ 否☐
2	拆卸发动机底罩总成	是☐ 否☐
3	排空电驱动系统冷却液	是☐ 否☐
4	拆卸空气滤清器盖分总成	是☐ 否☐
5	拆卸空气滤清器进气口	是☐ 否☐
6	拆卸空气滤清器壳分总成	是☐ 否☐

(续)

序号	实 施 步 骤	是否完成
7	移动锁杆，断开发动机舱主线束	是□否□
8	拆卸逆变器盖	是□否□
9	断开发动机线束	是□否□
10	断开逆变器上的动力蓄电池高压线束	是□否□
11	断开电驱动系统上的空调线束	是□否□
12	断开电驱动系统储液罐总成	是□否□
13	拆卸逆变器侧盖	是□否□
14	断开电机电缆	是□否□
15	断开发动机舱 2 号线束	是□否□
16	断开逆变器冷却软管	是□否□
17	拆卸逆变器总成	是□否□
18	更换新逆变器总成	是□否□
19	重新检查 DTC 输出，确认故障有无排除	是□否□
三	6S 管理：	
	建立安全操作环境	是□否□
	清理及整理工具、量具	是□否□
	清理及复原车辆正常状况	是□否□
	清洗场地	是□否□
	物品回收和环保	是□否□
	完善和检查工单	是□否□

六、任务检查与评价

1. 请进行必要的最终检查和"6S"管理
2. 请根据实施过程进行总结并完善工作计划

总结内容和改进工作计划：
_____
_____

3. 学生填写自评表

要求每一个小组学生派代表上讲台讲述小组的学习成果和经验收获。

课堂小组经验分享记录：

4. 教师填写总评表

教师评价结果记录：

参 考 文 献

[1] 麻友良,严运兵. 电动汽车概论[M]. 北京:机械工业出版社,2012.
[2] 赵金国,李治国. 新能源汽车高压安全与防护[M]. 北京:人民交通出版社,2017.
[3] 瑞佩尔. 图解混合动力汽车结构·原理与维修[M]. 北京:化学工业出版社,2017.
[4] 李伟. 手把手教您学修混合动力汽车[M]. 北京:机械工业出版社,2015.
[5] 霍尔德曼,马丁. 混合动力与替代燃料汽车[M]. 夏志强,陈黎明,译. 北京:机械工业出版社,2014.
[6] 谭克诚,宛东. 混合动力汽车构造、原理与检修[M]. 北京:化学工业出版社,2016.
[7] 姚科业. 看图学修汽车混合动力系统[M]. 2版. 北京:机械工业出版社,2016.
[8] 陈社会. 混合动力汽车构造与维修[M]. 北京:机械工业出版社,2017.
[9] 曹振华. 混合动力汽车原理与维修技术从入门到精通[M]. 北京:电子工业出版社,2014.